Gift Aid item
CW00498652

GOLCHI LLESTRI MEWN BAR MITZVAH

i

Bethan

Golchi llestri mewn bar mitzvah

Ifor ap Glyn

gyda lluniau gan
Dewi Glyn Jones

GWASG Carreg Gwalch

Argraffiad cyntaf: Tachwedd 1998

Ⓗ *Ifor ap Glyn/Gwasg Carreg Gwalch*

Ni chaniateir defnyddio unrhyw ran/rannau
o'r llyfr hwn mewn unrhyw fodd
(ac eithrio i ddiben adolygu)
heb ganiatâd perchennog yr hawlfraint yn gyntaf.

Rhif Llyfr Safonol Rhyngwladol:
0-86381-534-0

Llun clawr: Dewi Glyn Jones
Cynllun clawr: Smala

Lluniau tu mewn: Dewi Glyn Jones, Caernarfon (01286 672848)
(Cedwir pob hawl)
ac eithrio tud.125: Keith Morris
tud.15: Ricki
a thud.18,25,91,117: yr awdur

Argraffwyd a chyhoeddwyd gan Wasg Carreg Gwalch,
12 Iard yr Orsaf, Llanrwst, Dyffryn Conwy LL26 0EH.
☎ *(01492) 642031*

Diolch i Golwg, Tu Chwith, Ankst, RTE a'r BBC am
ganiatáu atgynhyrchu rhai o'r cerddi yn y gyfrol hon.
Diolch i'r Cyrff am y dyfyniadau ar t.13 a t.15.
Diolch i Pablo Neruda, Gill Scott Heron, Peter Finch, Llwybr Llaethog,
Tŷ Gwydr, Ynyr Williams, Llion Jones a Twm Morys am gerddi, llinellau ac
ysbrydoliaeth, ond diolch yn bennaf i'm cyd-deithwyr
Iwan, Myrddin, Geraint ac Ed.

Dewi Glyn Jones

Cafodd ei eni yn 1968 ac fe'i haddysgwyd yn ysgolion cynradd Rhiwlas a'r Groeslon. Treuliodd ei flynyddoedd addysg uwchradd yn Ysgol Syr Hugh Owen, Caernarfon. Yn dilyn arholiadau lefel 'O' ac 'A' bu'n gweithio gyda Chyngor Sir Gwynedd am rai blynyddoedd cyn dilyn cwrs sylfaen llawn amser mewn Celf a Dylunio yng Ngholeg Menai, Bangor. Dilynwyd hyn gan astudiaeth bellach yng Ngholeg Celf a Dylunio, Caerwysg lle bu'n llwyddiannus yn derbyn ei radd BA (Anrh) mewn dylunio ffotograffiaeth/graffeg; yn ogystal â derbyn gwobr goffa Greg O'Shea am fod y myfyriwr a ddangosodd waith o safon arbennig. Ar hyn o bryd mae'n dilyn sawl prosiect personol, yn ogystal â darlithio rhan amser yng Ngholeg Meirion Dwyfor, Dolgellau.

Cynnwys

Glynderi

O dan y murddun rhwng y moelydd pell,
mae sgwd yn berwi'n nant Caerfanell;
hwn sy'n denu criw Merthyr a'r Fenni;
cysgodion 'rhen fferm a'm denodd i.

Y glyn hwn sydd ynof i a 'Nhad
fe'i wagiwyd ar orchymyn gwlad;
ein Tryweryn teuluol, Penyberth personol,
oes rhywbeth, 'blaw ni, ar ôl o'r gorffennol?

Mae'r tŷ ar gyrion coedwig gre'
y bytholwyrdd haerllug 'di ffrwydro drwy'r lle
a dan y pîn trwchus, mae llwybrau'r ardd o hyd
yn arwain trwy'r cysgodion, ond at ddim byd,
(heblaw am afallen ar goll yn y coed
fel hen ferch yng nghanol cefnogwyr pêl-droed).

Mae'r tŷ'n ddi-do, heb dân ei orffennol
ond *yng nghanol* mur, rhes o gerrig congol
a dystia i dŷ fu gynt ar ei brifiant
er mwyn haws-gofleidio'r haflug o blant
droes wedyn yn alltudion Llundeinig,
genhedlaeth cyn i'r tŷ droi'n goedwig.

Mae sawl Glynderi ers hynny 'di bod
yn Crouch End; Northwood; ac mae mwy i ddod –
ond prin yr aiff neb ymhen canrif neu ddwy
i chwilio'r maestrefi am eu holion hwy
ar ganol *superstore*, neu *parking lot:*
'my family spoke Welsh in a house near this spot'.

John Ifans, dwi ganrif a hanner oddi wrthyt
pan aethost â'r merlod i'w gwerthu'n ffair Barnet
a dyma fi'n f'ôl . . . yn waglaw rywsut . . .

. . . heb ddim . . . ond dy iaith, yn loyw yn fy ngenau . . .
felly galwaf eto ar yr anghofiedig enwau.
Porthmona geiriau 'ydw i, yn gyrru'r ddiadell
yn ôl o Lundain, i ben Cwm Caerfanell.

Gorffen

Un tro tra'n ei gwatwar hi
gwyliais ei gwep yn gwelwi;
ein byd ni, a'r nabod noeth
a rannwyd gan air annoeth.
Clywais ei llais yn lleihau
yn ddigri, cyn troi'n ddagrau,
sŵn od yn atalnodi
y nos a ddaeth rhyngom ni,
gair dwl, carbwl, hanner call
yn ddiwedd ar gyd-ddeall;
un gair gwamal yn chwalu
mor fân y muriau a fu.

Te yn y gwrych

Genhedlaeth yn ôl
maint fy myd oedd hyd y stryd;
pêl-droediwn ar ei goncrit
ac nid oedd blewyn gwyrdd i'w weld
tu draw i relings haearn y parc,
neu lawntydd crop ein *cul de sac*.

Ar noson o haf yn fy llofft,
pan fyddai'r sŵn torri lawnt
fel gwenyn metal yn merwino'n fy mhen,
ffantaseiddiwn ar fy ngorwedd
am gael nabod dail,
rhwbio rhisgl
ac ymdeimlo â rhythmau hen y pridd,
yn lle trefn yr amserlen trên.

Pylodd yr awydd ifanc hwn
ac mae'r coed a mi
yn ddieithriaid o hyd;
ni fedraf 'run gair o gyfoeth iaith y gwrych,
ac er nabod ambell wyneb
yn oriel y deiliach,
ni allaf enwi neb.

Ond heddiw tra'n borejogio
trwy lonydd Llanfaglan,
yn chwimsymud
fel swch cwlltwr rhwng y perthi,
gan fwynhau'r gwacter meddwl
pan fo'r gwynt yn y dwrn,

daeth llwynog o haul
a gwneud sbel fach danbaid;
berwodd gwlith y bore'n darth
nes codi o'r gwrychoedd
atgofus bersawr,

ac O! eiliad hudolus!
O'r diwedd!
Flynyddoedd ar ôl gorwedd
yn llymbar hiraethus yn fy siambar swbwrbaidd
dyma bersawr o'r berth o'n i'n nabod
a'i adnabyddiaeth yn dawnsio'n fy ffroenau,
yn deffro'r ymdeimlad gwledig
y dyheuwn amdano
genhedlaeth gron ynghynt.

Ac yna, o grombil fy mod
cefais enw i'w briodi
â'r hyn o'n i'n arogli . . .

a dyna sylweddoli . . .

nad oedd yma hil gof hafaidd
am haul cefn gwlad yn crasu'r dail,
ond atgof am ryw de a brynais.
Yn Sainsburys.
Te camomeil.

Llanrwst yn fy mhen

(Fe'i recordiwyd fel 'Gair yn dy glust' hefo Tŷ Gwydr yn 1991)

Roedd hi'n fore mor braf
roedd y gaea' fel haf
mewn tŷ gwydr o gar
a'r radio'n chwarae'r Cyrff,
y bas fel fan Transit
yn llenwi'r ffenestri
ac yn ysgwyd y llestri,
y llestri yn fy mhen
a minnau ar ben ffordd
uwchben Llanrwst.

    'gadael fi mewn i dy fywyd
    am y tro ola,
    tro ola.'

A dyma fy hoff olygfa
fy mocs tjoclets personol
yn llawn caeau Llanddoged,
yn lliain Nain o wyn.
Moel Siabod o fan hyn
yw brenhines Eryri
a'r Carneddi yn llys,
yn benwyn o'i blaen.
Ac yng nghesail y Carneddi
y bryniau llai profiadol,
yn brinnach eu heira
fel Mynydd Deulyn,
yn acne greigiog
a'r ddau fryn-ffenast-llofft
sef Cefn Cyfarwydd,
fel ysgwydd gyhyrog,
a'r Grinllwm,
heb siafio,
yn goedflewog i gyd.

Mae disgyn i'r dyffryn
yn dod â lwmp i 'ngwddw.
Dyma La'rwst,
Llanrwst heb yr 'n',
fy milltir sgwâr fenthyg . . .
yn edrych 'run fath
ac eto'n wahanol . . .
Llanrwst yn fy mhen.

Dwi'n 'sôn amdan' . . .
  mangyl ar fore Llun,
  cadw llefrith ar y ffenast,
  bara o Comet,
  bara o Skillicorn,
  'cachan' Nain,
  a capal Cae Person,
  mynd allan i wneud busnas,
  stôl gongol bar yr Eagles,
  sŵn sugno ochor ceg,
  fy nhaid yn troi ei de.

Dwi'n 'sôn amdan' . . .
  plant John Strît
  plant Jorj Strît
  a phlant Solsbri Teras,
  yn cwffio yn Gymraeg
  yn rhedag yn Gymraeg
  ac yn gweiddi yn Gymraeg
  (heblaw am Barri
  hogyn ambiwlans).

Dwi'n 'sôn amdan' . . .
  Ylwch Nain!
  Beatle-boi!
  Mae'n mynd i'r cwpwr!
  Cwpwr Capal Seion!
  Ac mae'n chwarae'r organ!

Ond nawr mae gwely dwbwl
yng nghongol mynwent Seion
a'r gwirionedd yn fy nallu
fel haul drwy windsgrin budur

'Dwi ddim yn teimlo'n drist
na, dwi ddim yn teimlo'n drist
dwi jest yn teimlo mor hen.'

Mae Llanrwst yn fy mhen.

Mae tristwch fel bàth yn gwagio
yn fy ngadael
yn drwmgorff ar y gwaelod . . .
a Llanrwst yn fy mhen.

Newydd fod yn y llys o'n i
yn pwyri yn wyneb
degawd ola'r ugeinfed ganrif

ond roedd rhaid i mi ddod 'nôl
achos roedd Llanrwst yn fy mhen.
Roedd Llanrwst yn fy mhen.

Ac mae'n rhyfadd yntydi,
i fyny yn Cae Tyddyn
a Cae Felin
i fyny yn y tai cyngor
dan haul y pnawn
mae plant a chŵn
a chŵn a phlant
a phlant yn chwarae â chŵn
a chŵn yn gwarchod y plant
ac êrials desgil
yn swigod ar dalcen pob tŷ,
a'r cyfan yn anwadadwy . . .
ond rywsut
mae Llanrwst yn fy mhen.
Mae Llanrwst yn fy mhen.

Nid yw Cymru ar werth

(ar achlysur carcharu Branwen Niclas ac Alun Llwyd am eu rhan yn ymgyrch Cymdeithas yr Iaith am Ddeddf Eiddo 4.9.91)

Ein gwarth, ein parlys gwrthun, a brynwyd
gan Branwen ac Alun;
dechrau'r ymryddhau oedd hyn,
a'n dyled yw eu dilyn.

Arlywydd Newydd De Affrica

Oferedd yw'r holl glodfori i ddyn
roddodd einioes drosti;
y dyn fu'n ei chadwyni,
urddwyd hwn â'i rhyddid hi.

I Gruffudd

(yn 10 mis oed)

Rhyw ddydd,
pan fyddi'n gwybod y gwahaniaeth
rhwng bwyta cinio
a'i wisgo,
pan na fydd angen fy nwylo i dy sadio
fe wnawn ni syrffio
ar ben byrdda Burger King
ym Moscow!

Rhyw ddydd,
fe wnawn ni groesi'r afon draffig
sydd yng Ngh'narfon ganol ha'
drwy lamu
o do car i do car,
gan osgoi, wrth gwrs,

y *soft tops*
a'r faniau hufen iâ!

Rhyw ddydd,
fe wnawn ni ganu deuawda
i lenwi het ar bafin
yn Lios Dúin Bhearna!

Rhyw ddydd,
pan fydd arnon ni angen
amgenach nod,
fe gerddwn wysg ein cefna
bob cam, i ben yr Wyddfa,
er mwyn i ni gael gweld
o ble 'dan ni 'di dod!

Rhyw ddydd,
fe wnawn ni siarad
hefo genod del mewn pybs,
a dweud bod ni'n hyfforddi morloi,
neu'n gwneud *tutus* i'r Bolshoi,
neu'n cynllunio'r cyrtens newydd
i garchar Wormwood Scrubs!

Rhyw ddydd . . .
Ie.
Pan fyddi'n hŷn,
a minnau heb heneiddio,
fe wnawn y petha hyn
a mwy –
beth bynnag sy'n gwefreiddio!

Rhyw ddydd,
a ninna'n dal i geisio pontio
gagendor cenhedlaeth gron,
tybed a ddeui di ataf a gofyn
yn syn
'Hei, Dad . . . ai *chi* sgwennodd hon . . . ?!'

Soffa'r nos

Tri o'r gloch, a'r llofft yn olau,
y lleuad wedi llyncu'r nos,
a hyn yn fwy difyr na chysgu
i berson bach pum mis
sy'n hanner siarad, hanner nadu
ar wastad ei chefn
yng nghell ei gwely.

Mae'r dymi a'r deth,
y siglo a'r canu,
i gyd wedi methu,
a Mam yn sâl isio cysgu
af â thi lawr grisia . . .

. . . dy ben yn troi fel mwg,
wrth ganu'n syn
i'r cysgodion lloerig
yn y cyntedd . . .
Rhyddid o'r diwedd!
Agorwn y bleind
i rannu'r rwm ffrynt hefo'r lloer.
Coda'r dwrn bach i gyfarch
yr ystol gysgodion ar y parad,
cyn canu i'r rheina hefyd
fel rhyw mini-offeiriad
yn gwneud defod ddiniwad . . .

A chwerthaf, er gwaethaf fy hun,
am fod llwdwn fel chdi
wedi chwalu mor llwyr
drefn y clociau llywaeth,
mân-ormes eu 'cynnar' a'u 'hwyr'.

Pedwar o'r gloch . . .
Eisteddi mewn siôl yn fy nghôl
yn effro fodlon

yn gwylio siapiau lliwgar
teledu'r nos,
y rhaglenni gwallt Americanaidd
a'r cwisus gwael yn fflicro ar ein hwynebau,
ac yn hwylio heibio ein clustiau;
trivia'r nos . . .

' . . . mae lliw gwallt
yn gallu gwneud wyneb yn fwy main . . .'

' . . . ie, chi'n gywir, "Ray Dibden"
yw enwau canol Michael Heseltine . . .'

Ydi'r bobol 'ma'n *real*
fel ti a fi . . . ?
Ynteu'n sownd ar gyrion ein noson ni . . . ?
Noson mor fregus ei realiti . . .

ac mae'n gwneud imi feddwl am y majic
sydd mewn partïon oriau mân,
a'r agosatrwydd rhwydd a ddaw
pan fo dau enaid yn rhannu'r wawr
y pethau sydd efalla
flynyddoedd o dy flaen . . .

ond heno, ni'n dau biau'r byd,
yn eistedd yma ar soffa'r nos
mewn parti bodlon . . .
yn rhannu profiad . . .
yn rhannu soffa'r nos . . .

Gweld y gwynt

(i Lowri – Awst 1992)

Ydi hi'n medru gweld y gwynt
a'i llygaid gleision
mor astud eu hynt?

Ai llunio cyfrol am gyfaredd diamau
ael chwith ei thad,
neu'i hoff nenfydau,
mae'r ferch sy'n defnyddio'r llwy ddychmygol
i droi'r awyr,
sy'n gallu dweud 'Argol!'
heb yngan gair
a'i cheg mewn 'w' . . .
yna newid cywair –
mae'n rywbeth o'r sw!
tynnwr tursiau gorau'r sîn,
yn troi ei cheg yn fanana flin,
yn gwneud swch llaeth,
swch gwynt,
a'r swch bach slei,
neu'r wên sy'n llenwi
fy nghadw-mi-gei emosiynol

a hithau'n arwain cerddorfa fy nheimladau
drwy ddim ond chwifio'i breichiau!

Mae'n cysgu fel cowboi
a'i dwylo'n yr awyr,
gan nadu nodyn i'r nos ddisynnwyr,

Yn geiliog y bore, yn gog ei cheg
pendolcia fel cnocell ar drywydd y deth,
y *Chateau* Chwith, neu'r *Val de* Dde . . .

Dwi'n ei dal hi i fyny
o flaen fy wyneb
i ymarfer sgwrsio
(er, fedar hi'm ateb)
er mwyn ffeirio eneidiau
mewn ennyd mwyn . . .

mae'n syllu'n ddeallus . . .
ac yn sugno fy nhrwyn!

Gwllwng

'Ydi hi 'di gwllwng?'

meddai'r merched gwargam uwch pram
a'u hwynebau'n cau'n gwlwm
yn yr awyr uwch dy ben,

'Ydi hi 'di gwllwng?'

Camddeallais,
ond cyn 'mi gyhoeddi
yn findlws fel finag
'Tydi'n hogan bach ni
ddim 'di agor ei handbag'
. . . deallais.
O do,
mae hi wedi gwllwng,
ac mae'n brydferth;
a ninnau yn ein Houston diymadferth
yn ei gwylio hi'n jarffas mewn sgidia gwyn,
heb fedru rhannu'r peryglon tro hyn,
y camau petrus
mewn sgidia plwm;
y troi,
a'r gwenu at Mission Control,
y coesau'n rhoi,
ac mae ar ei phen ôl!
Ein byd sydd megis lleuad i ti;
cam bach i fabi,
naid enfawr i ni . . .

Cae Steddfod Cross Keys 1997

Myfi yw'r ddaear
a'r pafiliwn yw'r haul
a minnau'n cylchu'n ara deg
hefo coets o gwmpas cae;
a thra bo gwres diwylliant
yn cynhesu'r rhieni-blanedau
mae 'mhlant i gyd fel gofodwyr gwyllt
yn crwydro'r cosmos coesau.

Wrth sganio tu hwnt i'r comedau o bobol
sy'n sgrialu'n wyllt rhyngof innau a'm hepil,
dwi'n gwneud 'y ngora
i ymddangos yn ddi-hid;
gan ymdebygu, serch hynny
i ryw Batrick Moore ar sbîd.

Dacw Lowri, fel lloeren telathrebu
yn cylchu'n ufudd o gwmpas y goets,
yn gwrando'n astud ar straeon y byd
yn croesi'r ffurfafen o hyd ac o hyd
ac yn gyfrwng ynddi hi'i hun.

A dacw fo Gruffudd, yn beilot Apollo
mewn orbit lletach, yn hyderus hwylio,
ond yn tueddu i edrych ychydig yn ansad
o gael ei hun ar ochor dywyll y lleuad

a Gwion bach yw'r peilot prawf
yn gwibio ymaith
tua'r gofod di-ben-draw
yn cyrchu'r eangderau coesog
a minnau'n ei wylio, yn ddigon anfoddog.

Mae rhai peryglon
nas gwelir ond o Houston;

a bydd y *deep space probe* dwygoes chwim
yn cefnu ar y ddaear, heb boeni dim
am funudau bwygilydd,
ond mae Houston wastad yn dilyn ei hynt
er na falia ynta,
wrth garlamu'n gynt ac yn gynt
mae'n ddoniol . . .
nes mae o'n diflannu
yna, llama'r galon i'r gwddw
wrth i'r sgrîn fynd yn wag.

Bydd fel arfer yn y mwd,
neu ar ei gwrcwd
mewn rhyw fyd ar wahân
yn tsiecio'r cerrig mân ers meitin
gan baratoi, mae'n debyg,
rhyw bapur dysgedig
i'r academi gofodwyr (meithrin).

Iddo fo,
mae amser heb fynd heibio,
ond i minnau, mae'n einioes
a mwy . . .

Daw eto amser
i'w gollwng i gyd
allan i'r aber

gan fynd oddi tan ein to
am wythnosau a misoedd ar y tro
i deithio gofod go iawn,
yn lle hanner munud
yn Cross Keys rhyw brynhawn,
ond
bydd yr eiliad o banic 'na
yn dal fatha blwyddyn gola
waeth pa mor bell
ar wahân
yr awn . . .

Ac maen nhw'n dawnsio

Yn stesion Bangor bob prynhawn
mae fel *drive-in* mwfi, wrth ddisgwyl trên
ond heb y popcorn
a heb y trên . . .

Pawb yn tapio'r olwyn llyw
i atgoffa'u hunain bod nhw dal yn fyw
wrth wagsyllu trwy'r ffenestri.
Drws nesa mae cwpwl yn frwdfrydig anwesu

a'u hangerdd yn stemio'u car
ar ôl i'r trên dwytha o gyfeiriad Môn
delesgopio pellter perthynas
o hyd lein ffôn
i hyd bysedd a thrwch cotwm.

'Sbia,' medda chdi
gan rannu atgof
trwy wasgu fy llaw

a daeth platfforms ein hieuenctid
yn ôl yn syth
a'r penwythnosau
oedd yn trwsio'r craciau yn y nyth . . .

Bellach 'dan ni'n deulu,
yn disgwyl aduniad mwy platonig
hefo mam-gu, ond â'n dychymyg
dal yn drên . . .

A thra bod llais digalon swta
yn craclo gyhoeddi fod y cledra
heb eu cledru'n iawn, tua Crewe,
mae'r car drws nesa'n prysur fynd
yn destun addysg rhyw.

Erbyn hyn, mae llygaid y bychan
wedi codi o'i gomic
ac wedi eu hoelio
yn ddyflwydd ddiwyro,
ar y car drws nesa . . .

''Sa well 'ni ddeud rhwbath?'
sibrydaist titha.
Trois ato.
A chynnig y cloff esboniad yma:
'Maen nhw'n swsio . . .'
Dyma'i weledigaeth ynta:
'**Ac** maen nhw'n **dawnsio**!'

Mistar Oria Mân

Mae Rhys yn fecanic wyth mis oed
yn darllen *manual* fy wyneb
yn nosweithiol wrth setlo,
yn bodio fy llygaid,
yn dadsgriwio fy nhrwyn
ac os yw braidd yn llawdrwm
wrth jecio *breaking strain* fy ngwallt,
neu wrth brofi'r dannedd newydd 'na
ar fy nghlustia hen, dwi'n dallt –
pa ots?
rhaid i bawb fwrw prentisiaeth
wrth ddysgu mynd i gysgu.

Ond anodd yw peidio colli 'mynedd
pan mae o ar dân
eisiau trafod problemau peirianyddol yn yr oria mân
ei goesa'n bistona
a'r breichia bach tic-tac
yn darlunio'r slwtj yn y carbyretor
neu anhwyldera sbarc plygs llac

a fydd dim amdani yn y t'wyllwch
ond estyn y *manual* eto
a gorwedd yn ei ymyl,

nes bod bysedd *braille*
Mistar Oria Mân
wedi darllen digon eto
ac wedi blino'n lân.

Pobl od

Un ddigri iawn yw Anti Anna,
yn ffônio pawb ar hen fanana!

Anti Beryl o Benuwch
sy'n rhannu gwely hefo buwch!

Mae postmon gwirion o Lanfechell
yn pobi bara yn y rhewgell!

Mae maswr yn nhîm Nant-y-mêl
sy'n chwarae rygbi heb y bêl!

Mae pawb yn nabod Wncwl Math,
mae'n chwarae'r tiwba yn y bàth!

Parti Løvgreen

Mae Løvgreen wedi mynd yn od:
(peth felly ydi henaint)
a dyma fo, yn ddeugain oed,
yn dathlu hefo'i geraint . . .

Ffrog Fedydd

– i Rhys
(Ym Mai 1998 bedyddiwyd ein mab Rhys. Roedd y ffrog fedydd amdano yn un a wnaed yn wreiddiol gan fy hen fam-gu yn 1905)

Pan oedd Evan Roberts yn rhodio'r tir,
cymerodd hi'r sidan a gweithio ffrog i'r cyntaf-anedig,
nyddu adnodau o les, yng ngolau lamp olew,
pwytho'r Diwygiad i'w phlygiadau,
a darllen Beibl wrth glymu'r incil.

Y wisg hon
fu unwaith yn weddus
i wŷr aeth wedyn i ryfel,
ac i blanta eu hunain;

y wisg hon
fedrai unwaith amgáu
gwddw tarw nwncwl Ieuan,
arddyrnau golffio 'nhad-cu,
a 'nghoesau heglog fy hun.

Anodd dweud pa mor dduwiol
oedd tenantiaid amrywiol
tŷ capel y ffrog,
ond cefais anwes ei ffydd
a diléit yn yr allanolion, fan lleia;

roeddwn yn medru canu
'pan ddelai'r plant ynghyd'
yn Ystrad-fflur, wrth gladdu
'y rhai fu oddi cartre cyhyd'
(hyd yn oed os casét
Caradog Roberts mewn car
a chydganu mewn bar oedd fy ysgol gân
– yn Old Deer Park, nid yn 'capel,
oedd ein heneidiau ni ar dân.)

Dychwelwyd tri o ddeiliaid y ffrog,
i gapel eu bedyddio eisoes.

Wedi hen basio'r pedwar ugain,
yn yr un capel, bu llefain
wrth gwblhau'r daith
yn ôl i'r Bont o Lundain.

Y wisg hon
fu ar bererindod
gyda diaspora'r dauddegau
cyn dod yn ei hôl
i dalaith fwy gogleddol;

y wisg hon sy'n gyffyrddiad cariadus
gan hen fam-gu na chwrddais
sy'n ein clymu'n deuluol
â'i hincil, i'n gorffennol.

Rydym, Rhys,
yn cadw'r ffrog
ac yn ceisio hefyd
gadw'r ffydd . . .

'You 'um it, I'll play it'

(Stori wir)

Pladras o delyn uwch ei phen yn torsythu
ond i ferch sy'n codi'n dair, mae 'na ormod i'w byseddu
mae'n mentro ei chyffwrdd dan lygadrythu . . .

'Canwch chi o Dad . . . ac mi wna i chwthu!'

Gwion yn 1 oed

Rhyfedd meddwl mai o ddwylath y gwnaed
y droedfedd sy'n sgwrsio â bodiau ei draed,
sy'n ysgwyd ei ben fel 'tai am ei ryddhau
ac yn gwenu bob tro mae'r clwt yn cau,

sy'n methu dallt pam na all o gydio
yn y dŵr a ddaw yn golofn o'r tap,
ac yntau eisoes yn rhugl ei Rwsieg,
yn medru dweud geiriau fel 'frizhynibap',

sy'n agor cypyrdda a gwagio'r pasta
yn gawod galed ar y llawr
ac yna ei gadw yn llyfrgellyddol
ym mol y peiriant golchi mawr.

Ac os dof adra weithiau'n flin,
pan ddringi di fyny ar fy nglin
'sna'm byd tebyg am ddod â dyn at ei goed
na rhyfeddodau mab un oed.

Hetiau Capel
19.12.92

Rownd gynderfynol y ciniawau Nadolig;
Pwllheli; oddi cartre . . .

Eidalwr joli boliog oedd perchennog y lle
ei wên fel Nastro Azurro
(feiddiai neb roi siwgwr ar ei fybls *o*)
yn newid tapia ag arddeliad
gan adael y gwaith hastio pasta
a'r pobi pizzas
i'r genod Cymraeg yn y gegin.

Daeth at ein bwrdd â llond bag bun
ac oedi am ennyd
cyn tynnu o'i enau du ddetholiad
o hetiau capel
a'u rhannu
heb esboniad;

hetiau i dynnu trawst
o lygad cymydog
sêt nesa capel Pesda,
tua diwedd y pumdega

a sylwais am 'tro cynta
yng nghrombil tinselog y tŷ bwyta
fod criw o athrawon canol oed
yn dawnsio congas yn uchel droed
gan wisgo hetiau capel!
roedd eu gwŷr siymperog
yn nôl llond hambyrddau
o ddiodydd ambarelog
gan wisgo hetiau capel!
ac yn y gegin, hogan yn hwrjio
garlleg dan gyllell gyda'i bys
a'i thalcen yn chwys
. . . dan het capel!

'dwi'n cael nhw yn Oxfam,'
meddai'r perchennog,
'job lot am hanner can ceiniog,'
a bu'r hetiau fel soseri hedegog
yn hofran uwchben pawb yn eu tro
gyda'n bwrdd ni'n trio hetiau
ac yn ffeirio hetiau
gan chwerthin . . . fel hetiau

nes sylweddoli
mai het Nain oedd fy un i,
yr het gymanfa gyda'r ymyl magenta
a theimlais ryw ddagrau gwirion yn cronni
ar gownt het o'n i'n tylino-anwylo
rhwng fy nwylo i,
yn lle ei phlannu'n ddigywilydd ddigon
ar gorun un o 'nghyfeillion.
Y gogoniant gynt yn troelli dan fy llaw,
het capel,

yn destun rhyw firi aflafar,
yn lle edmygedd tawel,
felly trawais y peth o 'ngolwg ar 'y mhen
ac yfed fy ngwin yn dawedog,
gan gymuno hefo Gwen . . .

Mam-gu

(Fe'i ganwyd yn Harringay, a bu'n weithgar ym mywyd Cymraeg Llundain ar hyd ei hoes.)

Trwy ryw ryfedd nerth, rhoes werthoedd – inni,
      plannodd ynom ieithoedd;
   mam-gu well na mam-gu oedd –
   ein ledi annwyl ydoedd.

Dad-cu

(Daeth i Lundain o Bontrhydfendigaid yn 1923, ond i ni oedd wedi ein magu yn y ddinas, ef oedd ein cysylltiad â'r wlad.)

Dad-cu oedd ein bro, nid caeau – teulu,
      nid talar yw'r ffiniau;
   nid Bont yw'r Bont heb yntau,
   y lle ei hun sy'n lleihau . . .

Strôc

Pan rewodd wyneb, a'r ebill diffaith
yn diffodd pob pennill
sylwais i mai fesul sill
'daw henwr i'w hadennill.

Geneth yn rhoi blodau mewn angladd

Ni fedar heddiw ofidio – ni ŵyr
yn awr beth yw prifio
heb Dad-cu, cyn bod y co'
o'i ruddin wedi ymwreiddio.

Branwen
(Pryddest i nifer o leisiau)

Kyrchwch Lundein y gladu y penn.

Branwen: Ym mha le cawn ein claddu?

Mae esgyrn yn g'letach na geiriau
yn fwy safadwy na'r serch
sy'n eu sibrwd cyn creu cnawd;

Gwariwn ein geiriau fel pres ffair,
eu sbydu'n ddi-baid
nes daw brawddeg einioes i ben

ond bydd ein penglogau'n dal i weiddi
ar draws y *millenia*
ar draws y mudandod mawr.

Myfi yw Branwen,

ym mhob cenhedlaeth
ac ym mhob hiraeth,

myfi yw'r alltud,
yn dod, yn don ar ôl ton,
at ei werddon . . .

mi a welaf longeu racco

John Parry (Pasg 1847): Haul gwritgoch
yn suddo'n glaf i'r Tafwys
fel brawd bach
yn hel dannedd yn y gwyll,

a minna'n ddyn o ddengmlwydd oed
yn syllu'n syn ar ben draw'r byd
o fwrdd y Nevin,

yn ysu lluchio'r lwmp yn fy ngwddw
i wylanod piwis Llundain,
ynghyd â gwastraff y *galley*,

pob clec ar y bwced
yn eu denu'n Galfarïaidd,
i'm gwatwar yn fy hiraeth,

pob clec ar y bwced
yn atgof tatws hadu
ac ogla'r Groglith gartref,
a thybiais imi weld 'y mrawd
yn cropian hyd y rhychau pridd . . .

cyn baglu trwy 'nagrau i'r howld.

Branwen

Mae rhwydo hiraeth mewn cân
fel trio cwpanu'r lloer
o driog oer y Tafwys . . .
ond dyna geisia'r alltud . . .

Ellen Roberts (1887)

. . . gan rigymu'n wargam
uwch brws sgwrio
ar risiau'r bore,

'Ellen Parry, Diffwys,
ar lannau pell y Tafwys,
bob nos y breuddwydiai
mai gwartheg Perthi glywai
ond yn Wapping oedd hi'n gweini
a chyrn y llongau oedd y rheini'

y cyrn, a'r carnau ar y cerrig,
y troliau fil,
a'r traed yn trampio,
y rhythm a'r rhuthr,
rhain oedd fy Adar Rhiannon,

yn fy hudo
o bentymor
i bentymor arall,
o Glamai i Glamai,
nes bwrw degawd dall
. . . a gwreiddiau dyfn . . .

Ac yna y peris ef dyuot
llwyr wys pedeir degwlat a seith ugeint
hyt attaw . . .

Eluned Evans (1917)

Llifoleuadau
yn tylino'r cymylau
rhag ofn fod Zeppelinau'n cuddio;

yn y ffenest dan y bondo,
dwi'n smalio dysgu adnod
tra'n ceisio dofi adar
(ond paid â deud wrth Tada)

'Dyw'r rhyfel a'i fryntni
ddim yn galw'n aml yn Hackney,
dim ond ambell deligram i'r mamau
cyn i'r llenni gau.

sgerbwd a bidog
yn Passchendaele,
a'r hogia'n boddi yn y llaid;

'câr dy gymydog'
yng nghapel Kings Cross;
'rhyfel cyfiawn'; 'Duw o'n plaid'

– gwelais i hwnna
ym mhapurau Tada,
ond gwnaeth imi addo
peidio'i ail-ddeud o . . .

Branwen

'O fryniau Caersalem, ceir gweled
holl daith yr anialwch i gyd'

Fyddai neb yn edliw'r acwstics drwg
wrth i blatfform Paddington
droi'n gapel am awr,
a Chrugybar yn diflannu
i'r gromnen gyda'r mwg;

byddai calon y ddinas
yn dal i guro o'u cwmpas
wrth i'r gweithwyr gael eu pwmpio 'nôl
a 'mlaen
hyd wythiennau'r trenau tan-ddaear,
heb wylo, heb sylwi,

ond roedd rhaid anfon ffrind ar olaf
daith

yn ôl i'r wlad, i'w enedigol blwy
fel y câi ei esgyrn eu priddo
yng nghlai ei fro;

ond nid yw'n digwydd mwy . . .

Norman Hughes (1957) Nid oes adnod am Sputnik.

Heddiw, tra'n syllu
dros Aberhenfelen o ddesg
tua'r pensiwn pell,
daeth cadarnhad
fod Duw wedi marw . . .

Bellach, mae'n nos,
y sêr yn sgleinio fel sylltau,
a lampau'r strydoedd
fel mwclis o bishis punt,
fel noson yn Babylon, cyn y cwymp

ond nid y sêr sy'n pennu ein tymp;
yn strydoedd y Ddinas mae'r astroleg
newydd,
a goleuadau dogma'n
llosgi'n hwyr yn y ffenestri.

Mae'r sêr yn sibrwd,
ond mae'r Ddinas yn diasbedain,
yn canu pawb a phopeth
i fodolaeth,
ac yna'n siswrn ar ein dyddiau.

Oy a uab Duw . . . guae ui o'm ganedigaeth

Sharon Edwards (1977) Disgwyl trên o'r twnnel,
fel disgwyl bonclust cigydd . . .

Trên y bore,
bob bore,
eu trên nhw, eu trefn nhw,
a'i lein fel gweill
trwy bellen lonydd swbwrbia . . .

a phawb yn darllen papur
rhag gweld eu gwynfydau;
eu cariad fel deuddeg ar draws,
eu ffydd fel un i lawr,
a'u gobaith
wrth droi 'nôl i'r *avenue*
neu'r *crescent* gyda'r nos,
yw gweld clais y machlud
yn euro amserlen y wybren,
'Ha was! Moes im fy march!'
'Seinesid cleddyf Qualcast
ym mhennau'r tadau . . . '

Weithiau bydd colomennod
yn lloffa rhwng y sothach a'r stympia ar y lein,
eu coesau'n cancro a'u plu'n ddi-sglein,
cyn chwalu'n gwmwl o flaen y trên,
a minna jest â thagu ar y fath ryddid . .

meithryn ederyn drydwen a wnaeth hitheu
. . . a dysgu ieith idi . . .

Branwen 1997

Mor annheg yw'r nawdegau
a'n henwlad yn ein gadael;
at bwy
anfonaf fy nrudwy?

Beichiogi a ddamweiniodd imi,
ac yna esgor ar ferch;

plant yw'r cloc mwya milain sy',
ac wrth fagu'r un fydd yn fy nghladdu,
yn bagio trugareddau f'einioes
mewn plastig du,
gofyn sydd raid, be s'gin i i'w roi?

Ym mhob cenhedlaeth rydym yn esgor
ar esgyrn,
y Cymry brau mewn Llundain chwyrn;
pa beth felly a'n diffinia,
y ni sy'n byw tu hwnt i'r ffiniau?

Nid oes asgwrn dychymyg Cymreig
mae dychymyg yn feddal fel atgof,
yn ailwampio'i hun, 'nôl mympwy'r
foment,

petai'n asgwrn, byddai'n coccyx
rhyw gynffon cocsio,
wedi crebachu'n ebychiad o asgwrn
ers blynyddoedd chwil
ieuenctid yr hil.

Pa les felly, ceisio dysgu fy lodes fach
mai hwnna yw'r asgwrn pwysica?
Mi fedrith hithau hongian yn y coed o
hyd,
a'i dychymyg yn gynffon odidog
a'i hiaith yn *goncerto* o dân gwyllt
a'i meddwl fel mwncwns
sy'n chwalu wrth glywed clec,

. . . ond *heb* glywed y glec
mae hithau hyd yma,
heb ddysgu eto am esgyrn . . .

Heb ddysgu eto mae 'nrudwy wen
mai ei thynged yw bod yn Franwen . . .
ym mhob cenhedlaeth
ym mhob hiraeth . . .
yr alltud sydd wastad yn gaeth . . .

Anfeidroldeb?

Cyfyd cenedlaethau mud fel madarch,
mewn byd brys, rwy'n betrus ddarpar batriarch,
ofnaf fy mhlant, ni'm cofiant, na'm cyfarch,
onid ango' pawb?
daw angau heb barch
i'n tywys dan y tywarch . . .
arswyd llai
yw magu'r rhai a fydd am gario f'arch . . .

Carchar

Ar b'nawn Calfinaidd yng Nghalfaria,
wedi'r noson o nirvana
ond cyn pen y nawmis,
fe'n hunwyd.
Ni ein tri.
Mor hawdd â chlec y camera
A'm henaid fel y diwrnod llwm
A'm gwên fel y coed gwag
A'm llaw yn ysu eisiau codi
yn llaw anferth ar draws pob lens . . .

'Hyfryd iawn yw dedfryd oes'
Ffraethineb ffasgaidd
fy nhad-yn-cyfarth.
Ysgydwai fy llaw
fel petai am ei lladd hi,
dal f'ysgwyddau
fel petai am fy narllen o bell,
a'm tynnu ato
fel drws cyndyn yn agor.
Yna, mewn seiat fydol
a'r bar dan warchae
fe'm cyflwynwyd yn brae
i'r modrybedd mynyddig
a safai'n safnrwth
ar ganol y sglaffio swyddogol.
    'Welis i rioed gystal pobol
    am adael goleuni
    i mewn i grystyn pasti,'
cynigiais yn harti . . .
    'Ti'n swnio fatha Gwyddal,'
meddai yntau,
a'm gadael . . .

Trwy'r ffenest, sbonciai'r pafin
yn batrwm fil
gan drymed y glaw.

Am weddill y nawmis o faith folgrwnio,
eisteddais ar gyrion sgwrs,
a'm gweledigaeth fel balŵn lipa;
Am weddill y nawmis o faith folgrwnio,
gwyliais oleuadau ceir y nos
yn rasio croesi nenfwd ein llofft;
Am weddill y nawmis o faith folgrwnio,
profais lonyddwch aelwyd estron

fel pry yn cerdded
yn arteithiol araf
ar hyd fy mraich . . .

Yna, dan sgrechian,
daeth y bychan i'r byd.

Syllais neithiwr
i'r 'nôl-o'r-dafarn drych
a gweld wyneb fy hil a'm hach.
Gwg fy nhad a gwên Tad-cu
a thrwyn a bochau ''rhen un bach'.
Roedd ddoe yn fy llygaid
ond hefyd yfory,
fel sgiwer hirfaith
drwy löyn byw perffaith.
Yfo biau fory
Ni biau'r gofid . . .

Ond angof nawr yr *edifarhau*
am yr *edifar hau*,
Dyma awyr las ar lein ddillad yn hedfan
hefo'r siwtiau babi,
hanes ei fabinogi,
llond lein o obeithion
parhad yn lle pellhau
wrth rannu clytiau
a chlytio profiadau.

Amser gwely, ac amser gwenu,
mae'r bychan yn canu'r byd i'w le.

Plygwn ei wenwisg
wedi'r bedyddio,
wedi wynebu ei theulu drachefn
a dal ein cysgadur
fel cwpan i'w camerâu

a gweld gymaint euthum
yn rhan o'r un drefn.
Mor hawdd â chlec y camera . . .
Byw yn rhydd yw byw yn gaeth
a'm heinioes dan hwsmonaeth . . .
Yfo yw'r allwedd,
ac yfo yw'r drws;
fel arwydd o'n serch
fe roddwn sws
andante
ar ei dintws . . .

Rhyddid

1. Stacio meddyliau

Pwy faga blant?

'Dyn nhw byth yn 'y ngweld i,
y bobl sy'n colbio'u plant
rhwng silffoedd yr archfarchnad,
er mai fi oedd y dwetha
i drafod eu nwydda.

Mae sgìl mewn stacio silffoedd;
y tuniau ffa'n ymfyddino'n rhesi
a lifrai trwsiadus eu labeli
i gyd yn troi'r un ffordd,
yn barod am saliwt y supervisor . . .

'dio ddim yn job i ddyn nagdi?

Ac wedyn, os wna' i smalio llnau'r smotiau
sy'n glynu'r haul yn strempiau ar ffenast y stryd,
anadlu'n ddiwyd ar y gwydr,
a chylchu llaw hefo congol llawes,
caf esgus i godi llaw ar y gofeb dros 'ffordd
sy'n atgoffa'r dre fod 'Nhad a Mam
yn cysgu mewn gwlâu sengl
mewn mynwentydd
filoedd o filltiroedd
ar wahân.

Dwi'n ei gofio hefo'r modiwletor
ond doedd y sol-ffa
yn fawr o help wrth fynd
fel llo i'r lladdfa;
doedd dim rhaid iddo fynd, meddai Mam . . .

sôs coch rŵan . . .
fydda i byth yn rhoi dim yn llaw neb,
jest gosod y cyfan yn ddel
a'i adael,
fatha anrhegion dan goedan i'r siopwyr . . .
Daddies Sauce sy' nesa . . .

Er byw heb dad cyhyd
dwi dal heb gynefino
– mi fasa titha'n deall hynny
'taet ti ond yn dihuno . . .

2. **Macbeth mewn pum munud**

Pigion yw popeth heddiw
a neb yn medru parcio'u meddyliau
yn hir ar ddim, heb eisiau codi pac;
mae llawer yn sgwrsio –
ychydig sy'n siarad
ond y sgwrs fwya trist
yw'r sgwrs nas cafwyd.

Gwranda ar hyn 'ta
ac mi dduda' i hanes cyfnod y gyllell.

Priodon ni
pan o'n i'n slasian ac yntau'n gês;
mae o dal yn gês
ond ar nos Sadwrn yn unig,
rhywle tua Wrecsam mae'n debyg . . .

Llanwodd fy mol
bedair gwaith, nes bod y gwythiennau
fel map *underground* ar fy mronnau;
byddai'n eu holrhain weithiau
yn dyner hefo'i fys
a sychu dy chwys, wrth iti sugno
gan fwmial ganu
– 'dwi'n un o'r tadau drwg
wedi dod 'nôl o'r dafarn yn drewi o fwg'.

Dwi'n ei gofio fo fel llong fawr
yn towio chi'r plant i'r ysgol
a chithau fel cychod dirwyfau
yn tynnu'n gyndyn tu ôl . . .
un diwrnod, torrodd yn rhydd, a hwylio rhagddo
y tu hwnt i'n gorwel teuluol

a thitha 'mond yn ddeuddeg.

Wnes i ladd o wedyn, 'sti,
bob nos Sul
yn y seiat yn y Ship,
y genod yn cael mynd yn geg i gyd
heb y dynion.
Fel'na 'dan ni'n cadw'r cyllyll yn y drôr
a'r emosiwn yn mudferwi.

Ond mynnais wneud fy smonach fy hun.
Dyna stori 'mywyd;
Macbeth mewn pum munud.

3. **Adduned amser brecwast**

Does wbod ffor' y g'nân nhw droi allan, nagoes?

Mae rhyw bleser mewn crymu cefn,
plannu dwylo i wres y dŵr llestri,
a thaflunio fy mreuddwydion
ar wyngalch wal drws nesa.

Flynyddoedd yn ôl,
pan oedd dy fyd yn bowlen Beatles
a'r Shreddies heb fynd yn slwts yn y llefrith,
clywais lais bach yn sisial wrthyf
'dyro iddo dy ryddid di'

y rhyddid a aeth mewn rhesiad o glytia,
mor wyn ar lein nes deifio'r llygad
dan haul Mehefin

y rhyddid nas cefais
gan fam a fynnai fy mygu
gyda bucheddau'r genod neis
a'r greal wyryfol.

Ofnais fy rhyddid
a'i ffeirio'n rhy barod
am sicrwydd serch
a fy sinc fy hun.

4. **Byjis Yncl Len**

Roedd o wedi bod yn Burma hefo 'Nhad,
ond liciais i erioed mo'r byjis 'na gynno fo,

er bod sglein ysgolheigaidd
yn eu llygaid bach du
fel petaen nhw'n gwybod
na chân' nhw fyth chwalu'n gwmwl o liw
trwy darth y goedwig.

Ond doedd fiw i neb edliw hynny iddo,
rhag i ni eto brofi'r un hen bregeth od
fod caethiwed mewn caets
yn cynnig rhyddid rhag cathod.

Pan gest ti'r adar ar ei ôl,
byddwn i'n cenfigennu
o'u gweld yn cymryd yr hadau o dy wefusau.

Bellach, a minnau'n bwrw fy mhlu
mewn anobaith moel,
tybed a wnes i dro gwael â thi,
fy nghyw deryn?

5. **Llosgi llwyau**

Dwi'n cofio dy fwydo hefo rhyw lwy fach ddel
a chditha, mewn cadair uchel,
yn ei chwifio'n faton arweinydd,
wrth fynnu 'pisbis' a 'bics' i dy 'brebas'
a'u bwyta, gan labelu'r byd o dy gwmpas
rhwng pob cegiad –
'llebwith'; 'llwy fi';
fel petaet ti'n parablu'r byd i'w fodolaeth foreol . . .

dach chi ddim yn fabis yn hir . . .

buan iawn dach chi'n llosgi llwyau,
yn smocio cydwybod,
ac yn cosi'ch ffroenau hefo anadl dreigiau . . .

toke ynteu tab
yw eich penillion llofft stabal,
smac yw eich cynghanedd,
emyna a chapal . . .

'Swn i'n rhoi smac iddyn nhw!

Dwi'n cofio ffendio'r ffoil
wrth lanhau yn dy lofft;
atebaist di'n breplyd
mai ar gyfer rhyw broject oedd o,
ond ddim ddoe ges i 'ngeni, 'ngwashi.

Dwyn, a diflannu wedyn.

Dychwelyd yn Fab Afradlon,
a dweud fod ti'n rhannu parseli
i gwmni Salvador Delifyri,
a bod dy wats o hyd yn toddi!

Ond fedrwn i ddim rhannu'r jôc;

pa firi sydd, pan ddaw mab yn ôl i farw?

Collais fy mab,
ond mae'r llwy dal gen i,
heb ei llosgi . . .

6. **Cadoediad cegin**

Fedri di ddim lapio nhw mewn wadin

ond dyna wna'r cyffur . . .

triais i ddeall unwaith
yn ystod cadoediad cegin,
codais fy mhen o'r ffos
ac edrych tu hwnt i'r addewidion
oedd yn hongian yn gelain ar weiran angau,

edrych o'r newydd
ar ddyn hen o ifanc
am y bwrdd â mi,
draw yn nhawelwch tir neb.
Adroddaist fabinogi'r nodwydd,
y fflicio gewin yn erbyn syrinj,
y cyrchu at y cysgodion clyd,
sy'n amwisg
ac yn amdo.
Deallais fod yma ddianc rhag poen,
ond ni fedrwn ddirnad dy ddolur di . . .

Fedri di ddim eu lapio nhw mewn wadin . . .
dim ond pridd . . .

7. **Tuniau**

Mae'r tuniau'n galed dan gledr fy llaw,
a weithiau pan welaf
sicrwydd eu hwynebau crwn
yn adeiladu'n rhesi cymesur
ar y silff o fy mlaen,
daw rhyw deimlad mamol drosof,
rhyw ysfa amhosib i'w cofleidio,
rhyw awydd i'w rhyddhau
a'u gweld nhw'n hwylio'n gawod haearn,
yn hedfan trwy'r ffenest yn fintai gadarn
gan fy ngadael ynghanol y shwrwd gwydr
a phawb yn sbio arna i'n fudr.

Rhof y metal ar fy moch
i deimlo sws oer y sell-by,
a sadio wedyn . . .

llenwi gwacter
yw llenwi silff
wedi'r cyfan . . .

Pwy faga blant?

Iolo Morgannwg, Newt Gingrich a fi . . .

(Roedd Primrose Hill yn rhan o gwrs rasio traws gwlad fy hen ysgol yn Llundain, a dyma un o'r ychydig leoedd sy'n cynnig golygfeydd ar draws y ddinas)

Bryn y Briallu.
Bu Iolo yma
yn datgan breiniau dyn
rhwng y meini
yn wyneb haul
a llygad goleuni
a'i arwyddair oedd rhyddid . . .

Yma byddem yn tuchan a thagu
wedi'r tynnu 'fyny
i ben y bryn
a gynigiai olwg prin
ar ein drysfa o derasau
crescents ac avenues
gyda'r traciau trenau'n eu trywanu
fel chopsticks mewn powlan nŵdls.

Yma megis Pwyll,
ar orsedd Arberth gynt,
y gwelais ryfeddod
a theimlo'r archoll 'run pryd.

Canys fe'm ganwyd
yn lloerig a Llundeinig
ar fryn gerllaw,
pan oedd yr yen yn codi'n y ffurfafen
a'r bunt yn cyfarth yn y coed.

Fe'm ganwyd i fyw
mewn byd bach Little Chef
lle mae rhywbeth wedi penderfynu
pa le bynnag yr ei di
drwy'r byd i gyd,

bydd y sosej ar y chwith
a'r tomato ar y dde.
Dyna yw dewis
a braint yr unigolyn
a phawb fel drws yn troi ar ei golyn
ond yn methu ymestyn . . .

Fe'm ganwyd i fyd
lle rhifir y sêr
mewn colofn elw a cholled;
Ein harwyddair yw rhyddid,
ond arall yw ein tynged.

Y Castell

(Haf 1992, gyda diolch i Iolo Goch am y benthyciadau o'i gywydd i Syr Hywel y Fwyall!)

A welai neb a welaf,
a ninnau'n dathlu degfed haf?
Yn hawddfyd fy mreudd-fideo
gwelais yn codi'n gryf o'r gro,
acw o'r anial, gaer yr heniaith,
a'r iaith ar waith
ac utgyrn lu,
a logo yn ei amlygu;
castell i ateb pob cwestiwn
a dweud yn groyw i'r byd yn grwn
fod cenedl fu'n symud pianos gyhyd,
am ddod o'r diwedd, i lwyfan y byd.

Roedd yno lawenydd i chi a fi,
lot o delyn a dwli,
a Kafka-teips mewn stafell gefn
yn cyfri ffa
ac yn eu cyfri drachefn,
ac yn y llys, gwyddbwyllwyr iau
yn chwarae anterliwt mewn siwtiau,
gan chwythu swsus i'r genod swynol
oedd wrthi'n gwau
tudalennau Lol.
Ym mhen draw'r llys,
o gefn hers
roedd dyn â gwên
yn rhoddi gwers,
'Y ffordd orau,'
meddai,
'i greu gwlad gref,
yw ailennyn
ein hunan Hydref . . . '

Chwalodd delweddau'r breudd-fideo
Cywilyddiais wrth ei wylio.
Gwelais nad oedd y castell hwn
yn ateb pob rhyw gwestiwn,
ond yn sefyll yn unig yn yr anial,
a'i furiau mursen
yn uwch na chwaeth
y werin gyffredin fondigrybwyll ffraeth,
a'i borth ar glo
rhag i'r gwartheg sanctaidd grwydro,
rhag i ryw Efnisien
dorri'u clustiau fel Mohican.

Drwy'r nos mae'r cyfan
wedi'i oleuo,
rhyw wawl ansicr
yn fflicro drosto,
ond yn ei gysgod,
trigolion y pebyll
sy'n dewis troi at olau cannwyll,
ac mae'r garsiwn a'i gyfoeth
yn methu'n hamgyffred . . .

Mae'n un ar ddeg.
Mae wastad yn un ar ddeg
ger y waliau,
y magwyrydd sy'n mygu gwerin
a gormes eu 'safon' . . .
Mae'n un ar ddeg ar bobl gyfan.

Pobl ydym
na wybu 'sblander bore'r byd';
dim ond elor y nos,
yn bygwth o hyd . . .
a thra bo troliau addysg
yn cloncio'n druenus draw,
a'u tlodi yn ein herio,
a'u llorpiau llarpiedig fel dwy law

yn cynnig gwaredigaeth
fel slap ar draws y machlud,
yn y castell,
dan gwrlid
snyg yr arlwy,
cysga'r sawl
aeth gynt i'r adwy . . .

Freuddwydiais i 'rioed beth mor hyll;
fod arweinwyr barn
i gyd yn hepian yn y gwyll . . .

Tomatos

(Cyfieithiad o 'Oda al Tomate' *gan Pablo Neruda)*

Mae'r stryd yn ferw o domatos,
ganol dydd o haf,
ac mae'r golau'n hollti
fel dau hanner tomato,
a'r sudd yn golchi'r strydoedd.

Erbyn mis Rhagfyr
mae'r tomatos wedi syrffedu,
maen nhw'n meddiannu'r gegin,
yn bwrw eu cylchoedd mewn ciniawau,
ac yn bwrw eu swildod ar ddreselau,
hefo'r gwydrau,
dysglau menyn,
a'r potiau halen glas.

Y mae iddynt ryw oleuni mewnol,
rhyw fawrhydi rhadlon,
ac mae'n bechod felly
bod ni'n gorfod eu llofruddio nhw,
cyllellu a thrywanu nhw,
bidogi'r bywyn bywiol,
ac mae'r ymysgaroedd sgarlad
fel haul ffres dihysbydd
yn llifo dros saladau Chile,
yn byw tali
hefo'r flondan o nionyn,
ac i ddathlu'r ffaith,
mae'r olewydd yn rhoi'r irad
sy'n syrthio ar yr hemisfferau llydan 'gorad,
mae'r pimento'n cyfrannu
o'i aroglau pêr
a'r halen o'i fagneteg.

Dyma'r briodas feunyddiol,
mae'r persli'n chwifio'i faneri bach,

mae'r tatws yn dyrnu berwi
a sawr cig rhost yr assado
yn bwrw'r drws i lawr . . .
Ffwr' â ni!
Daeth yr awr!
– ac yna ar y bwrdd
fel gwregus o haf,
dyma nhw'r tomatos,
yn sêr daearol,
lluosowgrwydd ffrwythlon o sêr,
yn ffresni a chamlesi
ac yn gylchoedd i gyd,
y digonedd di-asgwrn,
di-blisgyn,
di-ddrain,
sy'n rhoi i ni
ŵyl ddihafal
o liw.

Dillad

(Cyfieithiad o 'Oda a la Ropa' *gan Pablo Neruda)*

Bob bore y disgwyliwch,
chi, fy nillad, dros y gadair,
bob bore'n disgwyl
am f'oferedd,
fy nghariad,
fy ngobaith,
a 'nghorff, i'ch llenwi.

Prin y bydda i wedi dadwisgo cwsg
a chanu'n iach i'r dŵr
cyn imi fynd 'mewn i'ch llewys,
a 'nghoesau'n chwilio ceudodau eich coesau chi;
ac wedi f'anwesu felly,
gan eich ffyddlondeb di-ffael,
af allan i sathru grawn, mentraf i fyd barddoniaeth,
syllaf drwy ffenestri
ar y gwŷr a'r gwragedd,
y gweithredu a'r gwrthdaro
sy'n dal i 'niffinio,
sy'n dal i 'nrysu,
sy'n dal i roi gwaith yn fy nwylo,
agor fy llygaid
a rhoi blas yn fy ngheg.

Ac felly, fy nillad,
fe'ch gwnaf yr hyn y'ch chi,
gwnaf i'ch penelinoedd fochio allan,
rhwygaf y gwniadau
ac fel y chwydda fy mywyd i
chwyddo wna eich bywyd chwithau.

Oherwydd hyn,
bob diwrnod gyda pharch
fe'ch cyfarchaf;
ac yna anweswch fi;
am ein bod ni megis un,
yn dal i herio'r gwynt gyda'n gilydd
fin nos,
ar ba stryd bynnag,
ym mha strach bynnag,
fel un corff
fydd efallai cyn hir yn farw.

Yn y gwynt,
chwifiwch ac atseiniwch
fel petaech chi'n enaid i mi;
yn yr oriau du,
glynwch at fy esgyrn;

gofynnaf
a fydd
ryw ddydd,
rhyw fwled yn eich staenio â 'ngwaed
fel y byddwch farw gyda mi;

hwyrach na fydd hi mor ddramatig,
a nychu wnewch chi, fy nillad,
yn raddol bach, hefo mi
hefo 'nghorff,
a hefo'n gilydd y cawn ein daearu.

Yr Unbenaethiaid

(Cyfieithiad o 'Los Dictadores' *gan Pablo Neruda)*

Yng nghaeau'r siwgwr-cên
mae drewdod yn hel ei draed,
cyfuniad o waed a chelanedd,
fel drycsawr arhosol
petalau yn pydru.
Rhwng y coed palmwydd
mae'r beddau'n orlawn
o esgyrn clwyfedig
ac ebychiadau anorffenedig.

Mae'r ci rhech o lywodraethwr
yn sgwrsio â'i goleri gold-brêd
a'i wydrau gwin . . .
mae'r palas bach yn sgleinio fel cloc . . .

Mae piffian chwerthin
y sawl sy'n gwisgo'r menyg gwynion
yn croesi'r coridorau weithiau
gan ymuno â lleisiau'r meirwon,
â'r cegau gleision
sydd newydd eu claddu . . .

Mae dagrau
fel planhigyn mewn cwpwrdd,
yn bwrw'i had ar y llawr,
yn colli'i ddail dall yn y tywyllwch.
Mae casineb yn ymledu
fesul ergyd,
megis ecsema,
gan ymsymud ar ddyfroedd budron y gors
a'i ffroenau'n llawn llysnafedd
a thawelwch . . .

Saeson yn Sbaen

. . . an 'am sanwich . . .
. . . ONE 'AM SANWICH . . .
. . . ONE HAM SAND-WICH . . .
PLEASE!!!
. . . BLOODY HELL!!!

Cymro mewn tafarn

. . . mm . . . peint o lagar . . .
. . . helô? . . . peint o lagar . . .
O! Sori! . . . peint o lagar, plîs.

SORRY JOHN, I DON' SPEAK WELSH.

Cegin Gareth Ioan
(11.12.1983)

Blynyddoedd y blodau, medden nhw,
oedd biau'r ddelfrydiaeth fawr,
a'r weledigaeth fawr,
ynglŷn â'r waredigaeth fawr
a roddai inni ein Cymru Rydd Gymraeg.

Ond roedd gennym ninnau, blant pync,
plant y pinnau cau,
roedd gennym ninnau'r ddelfryd hefyd,
roedd y peth dal yn bwysig ac yn bosib
ym mlynyddoedd materol
y blaendwf Thatcherol.

. . . nes cyrraedd cegin Gareth Ioan
wedi noson flodfresych yn London House, Crymych,
a thafodau'n blodeuo, a'r cwrw'n egino,
cyn mynd 'nôl i dŷ oer, a'r hwyl yn edwino
a cheisio mwytho'r crac
o'r tri can o Felin-foel oedd ar ôl,
gwrthod gadael i'r afiaith gilio,
nes godro'r tropyn ola ohono.

Roedd hi'n oer y noson honno
a ninnau mewn cotia
o amgylch Aga,
oedd yn methu gwrthweithio
noson Llywelyn o Ragfyr rhewllyd,
y cymylau'n rasio,
a'r sêr yn syrthio,

ac roedd hi'n dlawd arnon ni'r noson honno,
Alff yn trio gwneud tric y dorth a'r sgodyn
hefo owns o sbageti, a hanner nionyn,
ac albym gynta'r Maffia, uchafbwynt blwyddyn,
ar Dansette ar y llawr,

yn cael ei throi bob hanner awr,
fel stecsan gyndyn

a'r sgwrs yn dilyn trywydd naturiol,
(os bogeiliol)
i griw o Gymry cydwybodol,
sef, iaith, mewnlifiad,
a ffigurau'r Cyfrifiad,

a dyma ni'n cymharu'r plwyfi mor hawdd,
Llanfair-is-gaer, a Charon uwch clawdd,
fel 'tai penio'r stadegau rhwng ein gilydd
yn eu cadw'n yr awyr rhyngom ni rywsut.

Tri can o Felin-foel oedd ar ôl,
fel trysor yn ein dwylo, yn iro'r sgwrs,
ond ar y noson honno wrth gwrs
y gwawriodd y gwirionedd

a 'nghalon yn gorfod agor y clo
ar rywbeth fu 'mhen i yn amau ers tro;

Tydi hi ***ddim*** *yn mynd i* ***ddigwydd*** . . .

Oerodd fy nghalon
yng nghegin Gareth Ioan . . .

Tri Darlleniad Trychinebus Ynys Prydain Rhif 1: Caerdydd 1989

Chapter 1989
Canolfan Celfyddydau
ym mhrifddinas Cymru;
a darganfûm fy mod
yn rhan o 'noson *ryng*-wladol'
yn fy ngwlad fy hun,
yn rhannu'r *right-on* gymeradwyaeth
hefo rhyw Romanian o fardd
o Lundan;
Bogdan ap Glyn, neu rwbath . . .

Ro'n i felly'n un o'r egsotica
ac roedd 'na gling-ffilm
rhyngof i a'r gynulleidfa,
naill ai i 'nghadw inna'n ffres
neu i gadw ogla'r Gymraeg
rhag lledu trwy weddill y ffrij . . .

Roedd o fel mynd i'r ardd gefn
a ffendio llond bws o dwristiaid
yn codi dy datws fel swfenîrs

– *Y'all wanna talk some Welsh at us here bo'?*
– *Play us some rug-bee!*
– *Show us yore teeth!*
Say! Ken y'all juggle with ***fahve*** *pieces of bayra breeth?*
– *Show us how y'all make them thar* ***traditional*** *shawls outa chicken wool!*
– *Shee-it! Ah didn' even know chickens* ***had*** *wool!*
– *Sgynnon nhw ddim*
– *What you say bo'?*
– *They haven't any*
– *Thelma! Git back on the bus!!*

Ond 'nôl yn Chapter 'ro'n i'n wynebu cynulleidfa
oedd yn Gymry (gan eu bod i gyd yn byw yma)
oedd yn gweld pob diwylliant fel picnic fyrdda
er byth yn ystyried mynd atynt i fyta,
(ond diawl! maen nhw'n betha handi anghyffredin
i'r rhain, fatha gwartheg,
grafu'u tina yn eu herbyn . . .)

Rhyngwladol Schmyngwladol,
mae'r Gymraeg jest yn *normal* . . .

Rhif 2: Gŵyl Gerddi Glynebwy 1992

Roedd hi'n Glamai gaeafol,
a'r Ŵyl
fel trowsus Charlie Chaplin,
yn cael ei chwipio yn y gwynt,
a'r un mor anodd ei chymryd o ddifri,
yn bebyll,
byrgars,
a Barratt Homes i gyd,
fel Steddfod heb y diwylliant,
Disney gwyrdd Glynebwy
(nad oedd mor wyrdd â hynny,
a barnu o'r byrnau mawn lluosog
oedd fel wal Berlin
tu ôl i'r babell fwyd)
a phentre Waun Lwyd,
tu draw i'r cwm
ar ben y twyn,
yn methu dallt
y tyfiant egsotig
a eginasai o dan ei drwyn,
fel grawn unnos amryliw . . .

'Hi, I'm Nigel,'
meddai'r stiwdant Seisnig
yn y blazer Butlinaidd
'I'm your performer chaperone –
Where are your costumes?'

Trion ni'i ddarbwyllo fo,
ond mynnodd ein tywys ni,
fel Fuhrer ysgol gynradd,
i'r stafelloedd newid;
(*Portakabins* a *lockers*
ac ogla *Deep Heat*,

a thîm rygbi dan ddeuddeg
drws nesa'n *'three deep'*)

A thra bod ni *ddim* yn newid
darllenodd Nige y rheolau;
Dim mynd i Macdonalds,
Dim rhegi,
ac
Mae'r management yn cadw'r hawl
i derfynu unrhyw berfformiad.

Pennawd!
Beirdd in Profanity Scandal!
Gonged Off at Glynebwy,
heb orffen Esgyll ei Englyn!

Ac felly y bu,
(heb y gong)
yn perfformio mewn coridor awyr agored
hefo cerrig fel seti
i'r bocha gael oeri
yn gynt na'u brwdfrydedd,
ac acen Caernarfon
yn clirio'r lle fatha emetig . . .

Chi'n gweld,
er mai diwrnod arbennig
i'r bobol leol oedd hi,
doedd neb yn ei medru hi,
y Gymraeg 'lly.

'Ydi o fel bod mewn pub yn Llundan,'
medda Iwan,
'y siarad gwag megis â thi dy hunan?'
Na, mae'n waeth . . .
Ti'n teimlo'n fwy di-fudd
ymhlith dy gydwladwyr
a nhwtha mor niferus,
dyma rwbio 'nhrwyn yn realiti oer
ein cenedligrwydd bregus.

Rhif 3: Caernarfon

(Dichon mai'r comisiwn mwya obsgiwar i mi ei dderbyn erioed oedd cyfieithu'r gerdd 'A Guide to the Dialect' *gan y bardd-berfformiwr Peter Finch, ar gyfer cyfrol bedairieithog – Cymraeg, Saesneg, Iseldireg a Ffriseg. Buan y gwelais mai ofer fyddai cyfieithu talp o* found text *sy'n nodweddu tafodiaith Saesneg Caerdydd, felly defnyddiais yr un egwyddorion, sef atgynhyrchu pethau a glywais, yn union fel y'u clywais, er mwyn rhoi Arweiniad i Dafodiaith Caernarfon.*

Codwyd y rhan fwyaf o'r gerdd o noson yn y Ship and Castle, Caernarfon, tra'n darllen fel support act *i Attila the Stockbroker!)*

Teach Yourself Cofi

(Efelychiad o waith Peter Finch – 'A Guide to the Dialect'*)*

Shrada Gymraeg cont;
duda rwbath 'dan ni'n ddallt.

iawn bwoi
deu-yd, gwneu-yd
sgrin ia, niwc ia
jiws buwch ia
yr hen go, miglo, cae cicio
stagio fodings ar 'Maes
paid galw bodan fi'n gacan
Sgubs Maes Barcar
Ysgol Maesincla
c'laen 'ta.

Ond Cofis 'dan ni,
danim yn siarad
geiria Cymraeg mowr
fatha pobol Cymraeg iawn,
fatha pobol Dwyfor
ar y television.

Arlwy'r sianel etifeddiaeth y Cymro
pesychwch fel y
pesychachoch o'r blaen,
cynffon hefo Duw
cerdd dant yn fyw
a tydi De Ffrainc
ddim yn Sowth o Ffrans
iawn cont?
iawn.

Tocyn Tymor

Mae ticad gêm ffwtbol,
gêm y werin,
yn ddrutach na'r opera
erbyn hyn.
Mae Hooray Henrys
yn mynd i weld City,
a skinheads mewn DJs
yn slochian jin;

You'll ne-ever take the dress circle

Bryn- O, Bryn- O, Bryn- O

We all agree Pavarotti's a wanker

Abso-lootly dahling,
. . . Bobby Gould must go.

'Pam 'dan ni'n mynnu defnyddio'r hen gyllyll ffrwytha 'ma?'

('Ydi barddoniaeth yn dod rhwng beirdd a'u teimladau?' – Brendan Kenelly)
('Shrada Gymraeg cont; duda rwbath 'dan ni'n ddallt' – anhysbys; gig Ship & Castle, Caernarfon '94)

Mae 'na iaith yn y dre
sy'n iasol
yn ailadroddus o bwrpasol
yn gwneud pwynt trwy adael pantia
iaith sy'n tolcio'r clustia

Dyma Gymraeg y di-lais
sy'n darllen barn Sais yn y Sun
yn hytrach na Simon Brooks yn Barn

Weithiau pan fo beirdd ar ganol eu hamleirio
eu trwy-feic-fytheirio,
a'u goransoddeirio,
daw'r iaith
a'u mygio nhw,
ar ganol tafarn,
yn gaboledig ailadroddus
fatha twlsyn trwm,
'Hei cont, ti'n sbio arna fi?
– hei, cont, ti'n sbio arna fi?!
Ti'n meddwl mai chdi bia fi neu rwbath?'
gan eu gadael yn sglyfath,
yn gegrwth
a'u trwynau'n waed,
a'u cerddi fel dannedd shwrwd
yng nghledrau'u dwylo,
neu yn y llwch dan draed . . .

i Meic Birtwhistle

Dyro gawl cyn mynd i'r gwely – i fardd
 a chei fawl am hynny!
fe dystia Ifor fory
nad aeth dyn heb fwyd o'th dŷ!

Lli draws

Nid ei dwylath sy'n brathu, – nid y llafn
 wna'r blawd lli i dasgu,
nid dwysedd y dannedd du
ond dynion yn cyd-dynnu.

Cyfrifoldeb

Cornel gynnes, a blas sesiwn – llancio
 a llyncu'n ddigwestiwn,
hen boen tin mai'r ail beint hwn
yw'r olaf cyn ffarweliwn.

Tynnwch eich fest, Mr Pritchard . . .

Chwi gewch *feddwl* faint a fynnoch,
gwisgo'ch pwyll fel fest amdanoch;
falle cewch eich cyfri'n ddoeth –
ond llawer gwell *gweithredu'n* noeth!

Fydd y chwyldro ddim ar y teledu, gyfaill

(Rhydd-addasiad o waith Gill Scott-Heron; fe'i recordiwyd hefo Llwybr Llaethog yn 1992.)

Fydd dim modd i chdi aros adra, gyfaill,
fydd dim modd i chdi diwnio 'mewn, troi ffwrdd, nac aros ar y
   ffens,
fydd dim modd i chdi ymgolli mewn lagyr ffrensi,
   na phicio allan am banad yn ystod yr hysbysebion,
achos fydd y chwyldro ddim ar y teledu, gyfaill
chaiff y chwyldro mo'i ddangos ar S4C, gyfaill,
   ddim hyd yn oed wsnos ar ôl iddo ymddangos ar Sianel 4,
   hefo cyflwyniad gin Melfyn Bragg.

Fydd y chwyldro ddim yn cael ei noddi gan y Cyngor
   Celfyddydau,
      na'i gyflwyno gan Wasg Gregynog mewn rhwymiad
         arbennig
      o groen Aardvark anorecsig.

Fydd y chwyldro ddim yn dangos lluniau o Neil Kinnock
yn canu pennill fwyn i'w nain
ac yn arwain y *lemming* ffyddloniaid
yn erbyn pwerau'r Fall
a phwerau disgyrchiant.
Cheiff y chwyldro mo'i ddangos ar y teledu, gyfaill.

Fydd y chwyldro ddim yn cael ei gyflwyno ar ôl y pwdin Dolig
gan Ffilm Cymru mewn cydweithrediad ag o leia tri chwmni
Ewropeaidd.
Fydd Dafydd Hywel na John Ogwen ddim yn y prif rannau
na Bryn Fôn fel Che Guevara
yn mynd i'r capel mewn Levis ac yn gwisgo beret yn y sêt fawr
chwaith.

Fydd y chwyldro ddim yn helpu i chdi swsio'n well
Fydd y chwyldro ddim yn clirio plorod
Fydd y chwyldro ddim yn gwneud i chdi edrach hanner stôn yn
   sgafnach
achos fydd y chwyldro ddim ar y teledu, gyfaill.

Fydd 'na ddim llunia ohonot ti a Sulwyn Tomos
yn gwthio troli siopa trwy ffenast Woolworth
ac yn stwffio'r teledu lliw i gefn y car heddlu
'dach chi newydd ei ddwyn . . .

Fydd Dewi Llwyd ddim yn gallu amcangyfrif y canlyniad
    terfynol
am bum munud i naw ar ei ben
ar sail ad-ro-ddia-dau
ein go-he-bydd ar-be-nnig . . .
Fydd Angharad Mair ddim yn gallu rhoi *recipe*
ar gyfer lobsgóws hefo dau soffa,
na mynd yn fyw at Glynnog
yng nghlwb fferets Cwmllynfell . . .
Fydd 'na ddim lluniau o'r slobs yn colbio pobol LA,
na phobol Brynsiencyn,
fydd neb yn gofyn –
    "dach chi newydd golli eich unig ferch –
    sut 'dach chi'n teimlo?'
Fydd y chwyldro ddim ar y teledu, gyfaill.

Fydd 'na ddim lluniau lloeren o Hywel Gwynfryn
yn cerdded trwy Drelái, Pen-rhys,
Glyn-coch,
Sgubor Goch
na Maesgeirchen mewn siwt loncian
coch-gwyn-a-gwyrdd-Mistar-Urdd
y bu'n 'i chadw'n ôl ar gyfer achlysur arbennig fel hwn . . .

Bydd safon iaith,
Stondin Sulwyn,
ac amseroedd darlledu *Dechrau Canu Dechrau Canmol*
yn peidio bod mor ddiflas o hollbwysig,
a fydd neb yn becso os bydd Magi wedi ffeirio Tush
am Ford Fiesta a gwerthu'r Post i'w ailddatblygu fel ffatri
Anthrax
ar *Pobol y Cwm*,
achos fydd pobol *pob* cwm allan ar y strydoedd yn ceisio gwell
yfory.

Bydd yr Heddlu Iaith a'r Securitate Camdreiglo yn cael eu cloi
'fyny hefo llond stafell o fwncwns ar asid
a gorfod eu gwylio nhw
yn trio ail-greu gwaith Alan Llwyd ar hap efo teipiadur a
pheiriant cynganeddu.

Fydd yna ddim pigion ar *Post Prynhawn* na *Wales at Six*
am gampau diweddara y Bwrdd Iaith,
Cadeiriau Iaith
nac unrhyw ddodrefnyn amherthnasol arall o'r un casgliad
sydd byth yn clashio efo dim byd . . . GLAS!

Fydd y gerddoriaeth ar gyfer y chwyldro ddim yn cael ei
chyfansoddi gan Huw Chiswell na Chas and Dave
na'i chanu gan Margaret Williams, Dennis O'Neill
na Wyn Roberts a'i crypt kicker five
OND mi fydd hi'n cael ei chyhoeddi ar label ANKST!

Fydd y chwyldro ddim yn ôl ar ôl yr egwyl,
fydd y chwyldro ddim ar y teledu, gyfaill.
Fydd y chwyldro ddim yn ailddarllediad,
fydd y chwyldro ddim yn ailddarllediad,
fydd y chwyldro ddim yn ailddarllediad,
cyfieithiad
nac addasiad o syniad gwael a aeth i fin sbwriel Teledu Thames
tua 1973.
Fydd y chwyldro ddim angen is-deitlau
achos fydd y chwyldro ddim ar y teledu, gyfaill,
fydd y chwyldro ddim ar y teledu, gyfaill,

bydd y chwyldro yn hollol wreiddiol
ac yn dod i chi yn
FYW.

Rantio dros Ryddid
(11.9.97)

Fydd dim modd i chdi aros adra gyfaill
Fydd dim modd i chdi droi cefn, troi côt
nac aros ar y ffens
Fydd dim modd i chdi newid dy liwiau
mewn lagyr ffrensi
achos fydd 'na ddim 'ie' heb dy 'ie' di gyfaill
fydd 'na ddim Senedd heb dy 'ie' di gyfaill.

Fydd 'na ddim Senedd os oes 'ie' yn dy galon
ond esgus yn dy geg
Fydd 'na ddim Senedd os lluchiwch swllt y siop siarad
gan obeithio cael hyd i bunt annibyniaeth
Fydd 'na ddim Senedd os na floeddiwch ar y to
mai gwell *hacksaw* pŵl na pharhau
i lyfu ein cadwyni
Fydd 'na ddim 'ie' heb dy 'ie' di gyfaill.

Bydd Senedd yn rhoi sefydliad i wlad
a dagwyd o'u sefydliadau cynhenid
bum canrif cyn sesbinio'r Albanwyr
i'r un corset caeth
Bob tro mae Albanwr yn rhoi llaw yn ei boced mae papur Clydesdale Bank
yn ei atgoffa mai Sgotyn ydyw
Bob tro mae Cymro yn rhoi llaw ym mhoced rhywun arall
mae cyfraith y Sais yn ei atgoffa
o'i gaethiwed
a diffygion ein system gynhenid o iawndal
oedd yn seiliedig ar wartheg
(Heb os, mae papur decpunt yn haws i'w gario
a wnaiff o ddim crapio yn dy drwsus di chwaith).

Fydd y Senedd ddim yn arddangos portread olew
o Neil Kinnock yn canu pennill seimllyd
i'w nain ac yn arwain

mil naw saith deg naw
o leming ffyddloniaid
yn erbyn pwerau'r Fall
pwerau disgyrchiant
a dyhead cenedl

Fydd y Senedd ddim yn arwain
at gwymp terfynol gwareiddiad y Gorllewin
Fydd tir ffermwyr ddim yn cael ei wladoli
na'i blannu hefo melinau gwynt na goncs Mistar Urdd
ac yn ogystal â'r llais bondigrybwyll yn Ewrop
bydd gennym *gôr* o leisiau yng Nghaerdydd
yn diasbedain yn enw cyfiawnder,
etifeddiaeth, a *virtual* erwau i bawb
ar y rhyngrwyd amaethyddol.

Fydd 'na ddim corlannu pobl
yng Nghaerdydd a'r Cymoedd
er mwyn eu gorfodi i wrando
ar *Stondin Sulwyn*
Noson Lawen
a phethau gorau eraill ein diwylliant cynhenid.

Fydd pobl Gwynedd ddim yn gorfod ffurfio jazz bands
nac yfed bara lawr
fesul peint yn eu tafarnau
Fydd colofnwyr papur newydd ddim yn cael
parhau â'r arfer o sillafu
Gogledd a *De* Cymru hefo *G* a *D* fawr
megis Gogledd a De Corea neu Fietnam
achos nid y 49th parallel
na'r DMZ sy'n ein gwahanu
ond lôn sâl
pobl sy'n dweud 'sietin'
a defaid teircoes Bannau Brycheiniog
ond fydd 'na ddim lôn well
heb dy 'ie' di gyfaill

fydd 'na ddim Senedd
heb dy 'ie' di gyfaill
fydd 'na ddim Cymru
heb dy 'ie' di gyfaill

Dyweda 'ie' yn siriol, gyfaill
dyweda 'ie' gyda golwg o ryddhad pur, gyfaill
cymerwn ein dyfodol
i'n dwylo ein hunain gyfaill
yn lle ei gysegru
i orseddu barn wleidyddol
mwyafrif adain dde Lloegr
ar draul mwyafrif adain chwith
ein gwlad ni ein hunain.
Dyweda 'ie' gyfaill
gan y bydd Senedd
yn ein gwneud ni'n rhan o'r ateb
yn lle rhan o'r broblem
ond fydd 'na ddim 'ie' heb dy 'ie' di gyfaill
fydd 'na ddim Senedd heb dy 'ie' di.

Fydd y chwyldro ddim ar y teledu, a chara

(Comisiynwyd y gerdd hon i'w darlledu ar RTE, mewn rhaglen yn ymdrin â'r Ŵyl Ffilm a Theledu Celtaidd, Tra Li '98, gŵyl lle mae cyd-gyfarfod o'r cynhyrchwyr Celtaidd yn esgor ar gryn dipyn o craic, *ond chydig iawn o gyd-gynhyrchu)*

Fydd dim modd i chdi aros adra, gyfaill,
fydd dim modd i chdi diwnio 'mewn,
troi ffwrdd,
nac aros ar y ffens,
fydd dim modd i chdi ymgolli mewn lagyr ffrensi
na phicio allan am banad yn ystod yr hysbysebion
achos fydd y chwyldro ddim ar y teledu, gyfaill,

chaiff y chwyldro mo'i ddangos ar S4C, gyfaill,
ni bheidh an reabhloid ar TnaG, a chara,[1]
ac mae mwy o beryg baglu ar dom ceffyl siglo
na chael *Brezhoneg ar France Trois Ouest*

Fydd y chwyldro ddim yn cael ei ddangos ar ôl y pwdin Dolig
mewn cyd-weithrediad ag o leia tri darlledwr lloeren;
fydd actorion Americanaidd sydd wedi hen chwythu'u plwc
ddim yn cael blacio fyny fatha Yncl Tom . . .
Jones
nac Yncl Tom . . .
Barry
fydd 'na ddim Dic-van-Dyke-io hefo'n hacenion cynhenid;
nee vay sheed in-awn a gwid leen-cha a lay-uv le coodjoo idiot boards[2]
achos fydd y chwyldro ddim ar y teledu, gyfaill.

Bydd hawliau cêbl Corea,
posibiliadau rhyng-weithiol digidol
a'r hawliau marchnata *key-rings* ar y blaned Mawrth
i gyd yn peidio â bod mor ddiflas o hollbwysig

fydd y gerddoriaeth ar gyfer y chwyldro
ddim yn cael ei chyfansoddi gan Alan Stivell, na Chlannad,
na chenhinen chwe throedfedd o eiddo Max Boyce;

fydd y chwyldro ddim yn chwarae i gyfeiliant telyn
pib elin,
nac unrhyw offeryn arall sydd hefo 'gwyll Celtaidd' 'di stampio
drwyddo
fatha talp o roc glan môr;

achos bydd 'Celtaidd' yn golygu mwy nag arddull cerddorol saff,
na man gwyn man draw ym mhennau rhyw ieithgwn waci o'r
Almaen
ond
fydd y chwyldro Celtaidd ddim ar y teledu, gyfaill,
ni bheidh an reabhloid ar an dteilifise, a chara.[3]

[1]Fydd y chwyldro ddim ar TnaG (y sianel Wyddeleg), gyfaill.
[2]'Vuhthan noo thim uhn cahl dahthlen ay thlinethla hevo cuhmorth idiot boards.'
[3]Fydd y chwyldro ddim ar y teledu, gyfaill.

Siop Siafins

(gyda diolch i Geraint Løvgreen)

Y siop sy'n gwerthu siafins
yw'r unig un i mi,
mae'n gwrthod syrfio rafins,
no wê 'sa'n syrfio chi
– mae 'mond yn syrfio Cymry da
(a'r rhai sy'n gwisgo *Wonderbra*).

Pan fyddaf isio siafin
af yno yn ddi-ffael;
'sdim isio bod yn hafin –
mae un yn werth ei gael –
a weithia os dwi isio dwy
af yno'n hy, a mynnu dwy!

'Benywaidd ydi siafin?'
gofynna rhai yn syn;
fel Cymry 'dan ni'n crafu'n
penna lot ynglŷn â hyn
– a dyna ydi'r siafins diawl,
sef hollti blew'n lle mynnu'n hawl . . .

Rhybudd: Eisteddfod

(ar ôl gweld arwydd yn dwyn y neges hon ar y ffordd i Steddfod Bala, 1997)

Mae yfed yn gallu'ch niweidio,
mae rhybudd ar ffags mewn print mawr;
'sdim pleser i gael heb ryw edifarhau
ac mae rhybudd ar Steddfod yn awr.

Mae Steddfod yn gallu'ch niweidio,
mae bron mor beryglus ag 'E',
ond mae modd i bob un ei goroesi
os cym'rwch ryw gyngor gen i.

Rhyw griw eitha od ydi'r Cymry;
bob blwyddyn, rhown babell mewn cae,
a cherdded o'i chwmpas am wsnos;
(paid gofyn paham – fel'na mae!)

ac mae dau fath o Gymro mewn Steddfod;
mae 'na rai sydd yn mynd **hefo'r** cloc
wrth gerdded rownd cae, bob dydd yn ei dro,
ac mae'r lleill yn mynd **'nerbyn** y cloc;

mynd yn erbyn y cloc mae'r rhai calla',
achos nhw sydd yn gwybod â gwên
fod *international dateline*
yn rhedeg drwy'r Babell Lên.

Os ewch rownd y cae'n ddigon aml,
mae'n bosib mynd o'na yn **iau**
a dyna paham mae pawb arall mor *wrecked*
'rôl cerdded ffor' rong rownd y cae!

Felly, pan ewch chi adra o'r Steddfod
a'ch rhieni yn edrych yn flin,
nid effaith gor-yfed sydd arnoch
ond cerdded rownd cae wysg eich tin!

Cerdd dant

Llwyddasom i gadw'r dryms a'r sacs
  o rengoedd côr cerdd dant,
llwyddasom i stopio'r meddwi'n rhacs,
  does neb yn 'rocio bant';
difyrrwch gwerin gwlad a droes
  yn dlysbeth celfyddydol,
hen wêrs amhersain mwy nid oes
  . . . ond tybed oes dyfodol?

Carioci

Mwy o frân na soprano – yw Sulwen,
    llais salaf Côr Seilo;
  i hithau'r wich yn ei thro,
  dyma jàns i Dom Jones-io!

Arwr Eisteddfodol

Sut beth ydi profi enwogrwydd
a gweld chdi dy hun ar y niws?
Dwi'n trio bob blwyddyn i gael y ffrynt pêj
ac yn methu bob tro – be 'di'r iws?

'Nes i redeg i ffwrdd â'r Corn Hirlas
nos Fercher; o'n i 'nôl bore Iau;
doedd yr Orsedd ddim hyd 'noed 'di sylwi
felly cerddais yn noeth rownd y cae.

'Nes i *centrefold spread* hefo prifardd;
a draenog (a hwnnw'n un pricli!),
ond ofer fu ceisio eu gwerthu
i Golwg, na'r *Farmers Weekly*.

Dechreuais i ddwyn o stondin Cytûn,
rhois i ddelw o'r Pab yn fy nghlust,
ges i secs yn Maes B hefo tri efengỳl
heb hyd yn oed gyrraedd y Tyst.

Unwaith eto, mi fethais mewn Steddfod,
a bellach mi gefais lond bol;
oes 'na rywun 'ma heno yn gwybod
sut gaf i fy enw yn Lol?

Cyfarch Ceri Wyn

(pan enillodd y Gadair yn Steddfod y Bala)

O'n i'n darllen y cyfansoddiada
uwch beint yn nhafarn Pendeitsh
(y dafarn sy'n enwog am odli â dim
ond odl fach iwsles fel 'H');
Ond mae H yn sefyll am hudol
a'm hudo gefais i
gan awdl 'sgubol Ceri Wyn
a'r stori sydd ynddi hi.

Mae'r awdl fel stori fer neu ffilm,
rhyfeddais at ei ddawn,
ac yno bûm i dro ar ôl tro,
yn ei darllen trwy'r prynhawn.

Daeth Densil 'mewn a chodi rownd
a minnau'n brolio'r crefftwaith,
ond Denz a fynnai dynnu'n groes
gan amau maint y campwaith.

'Pa mor fawr yw'r gamp?' gofynnodd o.
(Mae seis yn bopeth i Densil
sydd wastad mewn rhyw sbortscar crand
am fod ei goc fel pensil.)

'Pa mor fawr yw ei gamp?' gofynnodd 'to
a chwarddais o glywed hyn,
– dim ond ffŵl fel Densil 'sa'n gofyn
pam fod Ceri'n Ceri Wyn.

Ond ceisiais gynnig ateb call
gan fod o'n mynnu gofyn,
ac felly, medda fi fel hyn
(tra'i fod o'n gwasgu ploryn):

'Mae'i gamp o'n fwy na rhes o dents,
mae'n fwy na Butlins wir,
mae'i gamp o'n fwy na camper fan
ydi hyn'na'n gneud hi'n glir?

Mae ei gamp o'n fwy na *drag queen*,
Llangrannog a Glan-llyn,'
ond doedd Densil dal ddim callach
felly dwedais i fel hyn:

'Yn hanes llên ein canrif ni
a'i hawdlau mawr aneirif
bydd Ceri Wyn a T. Gwynn Jones
yn neupen silff y ganrif.'

Cyfarch Mei Mac

(pan enillodd y Gadair yn Steddfod Llanelwedd)

Bardd y *blues* yw bardd y *Black*; bardd ein byd,
        bardd yn byw ar *sixpack*,
    Woodbines a gigs llawn *feedback*,
    bardd o'r galon, Meirion Mac.

Dwi'm yn fardd

O'n i wastad yn trio yn yr Urdd
ond dwi'm yn fardd . . .

Enillais ar y llinell goll
yn Steddfod Llanbabo unwaith
ond dwi'm yn fardd . . .

Ges i Fwyd Llwy o'r Badell Awen
gan Anti Llinos 'llynedd
ond dwi'm yn fardd
(ddim hyd 'noed ar ddydd Llun).

Roedd fy Nhaid yn arfer pôsio
lawr yn siop jips Beddgelert
hefo *Cerdd Dafod* John Morris Jones
dan ei gesail . . .
ond **dwi'm** yn fardd
(a doedd yntau ddim yn bachu chwaith –
nes iddo brynu beic).

Dwi'n medru sgwennu englyn
o fath
ac yn gallu cynnig cath, llath a trâth
(yn y De)
fel odlau i'r uchod
ond dwi'm yn fardd . . .

Dwi'n nabod fy nhrwm ac ysgafn,
yn sgwrsio beunydd
â'r beiau gwaharddedig;
ac yn gallu dysgu proestio
i unrhyw un sy'n ddigon trist
i fod isio gwybod;
mae gennyf eirfa rywiog
a threigliadau rhywiol o gywir
ond nid bardd mohonof . . .

Tydw i ddim yn fardd;
er cymaint a garwn fod yn Gerallt
a dotio at fod yn Dic;
fedra' i'm chwaith
honni bod yn Heaney;
mae fy ngwaith o hyd
yn R.S. Tamad i aros pryd.

Tydw i ddim yn fardd;
dwi'n glerwr, prydydd, trwbadŵr
stand-yp englynwr
pysgodyn prydyddol
sietin cynganeddol
diaroglydd tangeseiliol
wythnos yn Nowlais Top
stynt dybl i Gerallt Lloyd Owen
dwi'n **unrhyw beth**
rhag gorfod ynganu'r
gair cyfrin hwnnw,
baa–
baa–
bardd!

Dwi jest yn dilyn y praidd,
yn pori o fewn terfynau
diffiniad rhywun arall;
ac os caf fy hunan weithiau,
hefo gwên wirion
a llond ceg o laswellt cynganeddion
yr ochor rong i'r gwrych,
mi ymddiheuraf yn fain fingam
am fy nghamwedd;
'sorry mate, if ya lookin for duh bard
'e's gorn the uhver way . . .'

I Emyr Miaw, ar ddiwrnod ei briodas

Was addfwyn, sy'n orseddfardd
(ond yn wir, prin fod o'n hardd)
mae sbri yn dy gwmnïaeth
a rhin anghyffredin ffraeth;
er bod gennyt frêns Mensa
nid wyt yn hen la-di-da

ond prin 'daw Miaw mwyach
mas 'da'r bois am seidar bach,
cwrw mawr neu Koorma hwyr,
blue moon a sŵn disynnwyr;
mae gan ddyn ffraeth sy'n gaethwas
reswm iawn rhag aros mas . . .

Ar Ruth yn awr mae'n rhythu,
dwy lygad llawn cariad cu;
un edrychiad – fe'i drechwyd
a rhoi ei hun yn y rhwyd
lle bu'r êl, ni wêl ond hi
(*night-night Allbright* a'i ffwlbri)
ei lygaid gynt llawn lager
yn stwffio'r êl – *just for her!*

I'm so sad, he's not himself,
y twpsyn yfai'r topsielff.

Paid â sôn; Ciwpid a'i saeth
a hawlia'r fuddugoliaeth;
hen rafin sy'n arafu
yn prynu tei, prynu tŷ,
dechra byw, dechra bywyd
â'i Ruth bert sy'n werth y byd.

Lliwiau

Un ar ddeg,
pawb yn eu gw'lâu,
siop jips drws nesa newydd gau,
pan lifodd golau dros ein tŷ,
daeth sŵn hofrennydd oddi fry,
gynnau, cŵn, a'r holl gybôl
– yr oedd y plismyn lliwiau 'nôl!!

Ac er nad oedd y drws ar glo,
fe ddaeth y plismyn lliw drwy'r to
gan geisio gwneud eu gorau **glas**
i fod yn **lliwgar** ac yn gas!

'Mae'ch diffyg lliwgarwch yn erbyn y ddeddf,
yn erbyn fy nhroed, ac yn erbyn pob greddf!'
Mi dynnais ei esgid yn bwyllog o 'ngheg
(a thynnodd fy nannedd o'i blaen, chwarae teg)
cyn tynnu fi'n g'reia ar gownt lliw fy nhrôns,
am 'mod i'n licio T. **Gwynn** Jones;
Alan **Llwyd**; **pianos**; **llaeth**
ond deffrais cyn 'ddi fynd yn waeth.
A be dwi ddim yn dallt 'di hyn
os yw breuddwyd pawb mewn du a gwyn
sut mae'r plismyn lliwia oll
yn gwybod fod y lliw ar goll?

Pen-ôlfoderniaeth

(i Dicw)

Yng Nghaerdydd ers talwm[1] prif ddiben ein llên
oedd bod yn wych, ond yn bennaf yn hen;
pob cywydd yn gostrel llawn berfau a rhagor,[2]
ond costrel ben dresal nas dylid ei hagor
na'i phrofi,[3] i weld a oedd diben ei hyfed,
ynteu'i dollti 'lawr sinc, er mwyn boddi llyfrbryfed,
felly **dylwn** groesawu'r don newydd o *dons*
sy'n mynd i'r cyfandir i brynu'u *long johns*,
ond wrth ddarllen eu gwaith er mwyn cael f'addysgu
mi gefais fy hunan yn troed-nogio cysgu,
gan gymaint y jargon, a phob un mor sgut
am *ibidem*, *passim*, a llwyth o *op.cit.*[4]
a ti'n teimlo pob syniad dy hunan yn crap,
dim ond **nhw** sydd â'r hawl i ddweud 'Yo! Dafydd ap!'
(er na ddwedant hynny heb deallusoli,
a cholli yr ergyd drwy geisio'i gaboli)[5]
Onid cyfathrebu yw hanfod beirniadu,
nid porthi ego a phen-ôlfodernu?
Felly heddiw cychwynnais i ysgol lên newydd,
un syml ei steil a gwerinol ei thrywydd:-
Megis ffilm rhyw yw pob llên yn ei hanfod,
ac felly 'mond unpeth sy'n bwysig i'w wybod,[6]
sef: 'plotia'r ffwc, a ffwcia'r plot'

yr eiddoch yn wrth-ddeallusol,

Pol Pot.

[1]Coleg y Brifysgol 1980-83; alma mater, gwraig a chwrs Cymraeg.
[2]gw. 'Zen a'r Gynghanedd Groesoswallt' (ibid.)
[3]'Be ti haws gwbod sut mae stripio'r cabyretor,
pan be tisio go **iawn**
ydi gwersi gyrru . . .
mewn englyn unodl GTi!'
(*Holl Garthion Pen Cymro Ynghyd*, t.14)

[4]'Mae gorwybodusion yn ein mysg
a'u dawn wedi'i diffodd gan gymaint eu dysg,
a ffôl o beth, meddai Modryb Sian,
rhoi gormod o lo ar ychydig o dân . . . '
(Sarnicol)
[5]'A'r beirniaid?
Mae'r rhanfwyaf a'u milltiroedd nhw'n sgwâr,
a'u dychymyg fawr lletach na'u cwtsh dan stâr . . . '
(Cyril Jones)
[6]gw. Sion Eirian, *Lock-in yn y Cwps* (Aberystwyth 1990) passim

Seshus desbret canol oed

Codi ffôn a chadw'r ffydd
cofio cadw'r donfedd 'na'n rhydd
sws i'r wraig a chadw'r llestri
cerdded 'lawr i gadw'n heini

cadw sêt i un o'r hogia
cadw'n glir rhag Clive drws nesa
cadw gair a chodi'r peintia
'cadw mynd o dan y pwysa'

cadw cwmni hefo'r criw
cadw'r iaith Gymraeg yn fyw
'colli'r bresych, cadw'r cabej –
cadw rhai geiriau yn y garej'
cadw part y bathwrs gwirion
sy'n gyrru'r iaith ar un o'i 'lwynion
sy'n ofyrtecio mewn Iesu tirion
sy'n cadw'r tŷ mewn cwmwl tystion

cadwn yr hen amheuon draw
a chadw gŵyl waeth beth a ddaw

tafarn orlawn; gorfod symud fy stôl
mor aml nes teimlo 'mod i'n cadw gôl
cadw reiat hefo boi cadw'r dafarn
cadw oed â bêbs Llanbadarn
cadw golwg ar hogan fan'cw
cadw'i chyfrinacha meddw
cadw gair a chodi rownd
rhoi bysedd yn 'nghlustia i gadw 'mrêns i'n sownd

Cadw 'mrawd rhag codi twrw
er nad fi yw ceidwad hwnnw
Ceisio cadw'r ddysgl yn wastad
cadw 'mêt rhag dyrnu'r bastad

dal i yfed, cadw i'r drefn
colli 'mheint; *'it's aff past 'leven'*
cadw'n hun rhag teimlo'n sur
cadw'r bwystfil rhag y mur
ogla piso ar fy llaw
cadw'r ffynnon rhag y baw
teimlo'n giami ar y naw
a cherdded adra heb gôt law
ac eto, fory – methu cadw draw . . .

cadw'r ffynnon rhag y baw . . .

codi ffôn a chadw'r ffydd
cofio cadw'r donfedd 'na'n rhydd . . .

Ymson ar fỳs

Mae bywyd fel bỳs Purple Motors
'does byth le i mi ar y top;
tragwyddoldeb o ddisgwyl cyn cychwyn,
rhy fuan cyrhaeddaf fy stop.

Trwy'r ffenest dwi'n mesur meidroldeb
wrth basio pob bryncyn a dôl;
tocyn unffordd sydd gen i wrth reswm,
does neb yn cael teithio yn ôl.

Ac yma y cewch fi'n myfyrio
ar bethau mawr bywyd yn ddwys;
pam fod eira yn wyn? a drymwyr mor od?
a pham 'di chwe owns ddim yn bwys?

Un cwestiwn sy'n dal yn fy mhoeni,
rwy'n methu â'i ateb, mae'n warth –
os diwedd y daith ydi Pesda,
pam, Dduw, fod rhaid mynd trwy Dregarth?

Bus Stop
Clynnog
RYDD

Ymson mewn lladd-dy

(yn 1900 roedd dros 100 o ladd-dai yng Nghymru; erbyn heddiw nid oes ond 35 ar ôl . . .)

Gorchymyn o Frwsel, rhif 6A, strôc dau –
'mae'n rhaid i bob dafad a buwch gael *blow-dry*
a chyn cân' nhw bori, eu lapio mewn plastig,
rhoi bŵts am eu traed, a'u cau hefo lastig,
ac yna eu lladd nhw, a'i wneud hefo llwy
(rhag ofn bod cyllell yn cario rhyw glwy') . . . '
buwch ddiolchgar wyf innau, a'r lladd-dy 'di cau,
pob clod i'r hen Frwsel, rhif 6A strôc dau!

Ymson mewn ciw ysbyty

('Motorcyclist in 18 hour wait for shoulder operation' – London Evening Standard)

Dwi ddim yn dweud mai hir yw'r ciw
i gael fy ngweld a thrin fy mriw,
ond wrth 'mi ddisgwyl dwi 'di esgor ar ferch
ac mae'r doctor yn arthio'n reit ddi-serch,
'i be est ti i giwio mewn cyflwr mor giami?!
– gall ymddygiad o'r fath beryglu dy fabi!'

Ond doctor bach, pa hawl sgen ti 'ddwrdio?
Do'n i ddim **yn** disgwyl pan ddechreuis i giwio!!

Tŷ bach twt

Mae Saeson yn fy nhŷ bach twt
a minnau'n clwydo yn y cwt,
Eidalwyr hefo ogla *Brut*
sydd hefyd yn fy nhŷ bach twt,
Almaenwyr sydd yn dweud *'sehr gut'*
a rhai o'r Sowth (sa'i'n gwbod shwt)
Llydawyr lloerig gyda'u crwt,
a Brymis hy, sydd ar y clwt,
Tsieineaid hefo trwynau smwt . . .
dwi'n teimlo 'fath â King Canute
(I'll do me nut, it's like Beirut!)
Mi af o'r cwt, yn reit ffwrbwt –
pa ddewis sydd?
Twt, twt . . .
Kaput!

Baw ar bafin

Es i allan o'r tŷ tua deg o'r gloch 'nos
a gweld rhyw foi pumdegol trwsus *tweed* yn troi'i glôs;
ac ynta 'ganol pafin
gyda'i thrwyn hi ar y brethyn,
be wnaeth ond geni'r hyll
a'i adael yno yn y gwyll.

Ac yna daeth rhyw wreigan
ac ysgarthu ar fy stepan,
dim sôn am ymddiheuro
jest dodwy'i rholyn a bytheirio
am 'mod i, yn syn i gyd
yn meiddio'i stagio ar y stryd,
ac yna daeth 'na fflyd
o W.I.'s 'run pryd,
bob un yn troi'i blwmar,
ond yn lot rhy grand i'r gwtar,
bob un am fawa'n hy
'ganol pafin ger fy nhŷ!

Af allan eto fory, 'rôl i nhwtha wneud eu poitsh,
i ddanfon 'mhlant i'r ysgol a gwneud slalom hefo'r goets,
Franz Klammer Ysgol Hendra
ydw i, yn cyrraedd gartra
hefo drewdod gwaeth na gingron
wedi glynyd yn f'olwynion,
yn troedio 'mewn i'r carpad
a minna'n methu arbad
fy mhlant rhag sawl afiechyd
sydd yn llechu ynddo hefyd . . .

Ond wrth gwrs, dyw pobol barchus ddim yn cachu yn y stryd;
gor-ddweud ryw fymryn ydw i; mae beirdd yn gwneud o hyd,
ond rhag i chi 'nghyhuddo o droi cawod yn fonsŵn,
os nad yw'r rhain yn cachu'n 'stryd, mi wnaiff eu blydi cŵn!

Llosgi bys

('Os oes raid i chi bigo trwyn, gwnewch yn siŵr mai'ch trwyn chi ydi o' – hen ddihareb o Wlad yr Iâ)

Mae 'nghefndar bach yn hogyn mwyn
sy' byth yn rhegi, byth yn dwyn,
er hynny, rhaid 'mi ddeud 'y nghŵyn,
mae'n methu stopio pigo'i drwyn!

Un tro, bu'n twrio hefo'i fys
yn nhrwyn fy nghefndar arall, Rhys!
Mi dynnodd 'fych', yn fawr ei flys,
a'i gael i'w swpar hefo pys!

Aeth wedyn at drwyn Anti Jên,
gan bwyso trosol ar ei gên
a cheibio allan rywbeth hen
– a'i lyncu'n gyfan, hefo gwên!

Ar ôl ei deulu, un i gant,
at anifeiliaid aeth ei chwant
ond dysgodd wers; nid chwara plant
yw pigo trwyn hen eliffant!

Wrth gwrs, mi aeth ei fraich yn sownd
yn nhrwnc 'rhen Neli; aeth hi'n flin;
fe'i troellwyd yntau rownd a rownd;
a'i chwythu draw i Aberdeen!

Rhaid gwrando felly ar fy nghân,
chwi bobol fawr, a phlantos mân,
gan gofio am fy nghefndar Rhys
a gwyliwch lle 'chi'n rhoi eich bys.

Llond poced

Tri pheth sydd yn fy mhoced:
daeargi blin, a ffured,
a chath sy'n chwythu swsus!
Mae'n wyrth fod gen i drwsus!

The Secret Life of R.S. Thomas

'Heddiw euthum allan i'r ardd
a bod yn gas iawn wrth y coed,
canys mae fy nhatws oll
yn Geidwadwyr jingoistaidd,
a gwelais neithiwr
fewnfudwr haerllug o Sais
yn aildiwnio'r gwartheg i VHF . . .'

Mecanic clip-clop

Mae 'mhen ôl yn yr haul, a 'mhen dan y bonat
a'r Peugeot 'di nogio ers awran reit solat,
a dwi'n clywed rhyw lais bach yn dod dros y gwrych
– pwy sy' 'na ond ceffyl a'i dalcen yn grych;
mae'n deud mai 'ar fy ngasget mae'r bai,
bod hi'n broblem gyffredin gyda'r GTi
'nenwedig os oes gen ti y model E reg',
– a hyn 'gyd gan geffyl yn siarad dros hedge!
Wel tydio'n beth rhyfedd? Mae'n wyrth ymhlith gwyrthia,
a phrin 'mod i'n medru rhoi coel ar fy nghlustia . . .
penderfynaf yn 'diwedd mai doeth fydda peidio
– wedi'r cyfan, be ddiawl wydda ceffyl am Peugeot?!

Tair swydd crap Ynys Prydain

Pan o'n i'n ifanc,
nes i ddwyn injan olchi o Japan;
i gadw'n jîns i'n lân
. . . ac i helpu'r *balance of payments* . . .

Rois i'r gora i ramrêdio
ar ôl dallt fod mwy i fywyd
na thaflyd maharan drwy ffenast . . .

Ystyriais y weinidogaeth
nes dallt fod yr hen bregethwyr
wastad hefo tri phen . . .
(– lle felly o'n nhw'n prynu'u crysa?!)

Am fod yr haul yn noeth . . .

(Dywedodd Llydawr rywdro fod y Llydaweg fel bywyd – un ddaw i ben rywbryd felly 'waeth ni 'mwynhau hi tra medrwn ni . . .)

Am fod yr haul yn noeth . . .
mae'r gwir yn llenwi'r windsgrîn dall
yn llosgi'n llygaid, brifo i'r byw
yn drysu dreifar hanner call
sy'n cwffio'n ffyrnig hefo'r llyw . . .

. . . am fod yr haul yn noeth . . .

rhaid parcio'n pennau ar ochr lôn
a'u drysau'n 'gorad led y pen
nes daw cydwybod ar y ffôn
i'n tywys 'nôl at y llinell wen

. . . am fod yr haul yn noeth . . .

mae fory'n wrid ar orwel coch
rhaid mynd, cyn elo'r byd ar dân
rhaid gwario'r geiriau, eu sbydu'n groch
wrth sbîdio ar adenydd cân.

Holiadur Cosmo

Comisiynwyd y gerdd hon fel rhan o brosiect addysg ryw. Dyma ymateb y Western Mail (29-5-98): 'Sex posters slated for "promoting promiscuity" '; 'One poem . . . poses questions about a sexual encounter. The word orgasm is used and the final line asks whether a condom was worn.' *(!!)*

Sut ryw gest ti?
Gwefreiddiol? Gwefusddeintiol? Dialcohol?
Llond trol? Annigonol? Llond bol?
Sut oedd o i chdi?
Banal? Swreal? Yn erbyn wal?
Orgasm smal? Antenatal?
Oedd o'n ddel? Aeth hi'n swel? Wel?
I gyfeiliant K-Tel? Oedd o'n ddiogel?
Ar dy wylia? Llosgi penglinia?
Hefo caws Philadelphia?
Gwagio'r mîtar? Bacsitar?
Hefo Mary, Paul a Peter?

Ond beth am Joni?

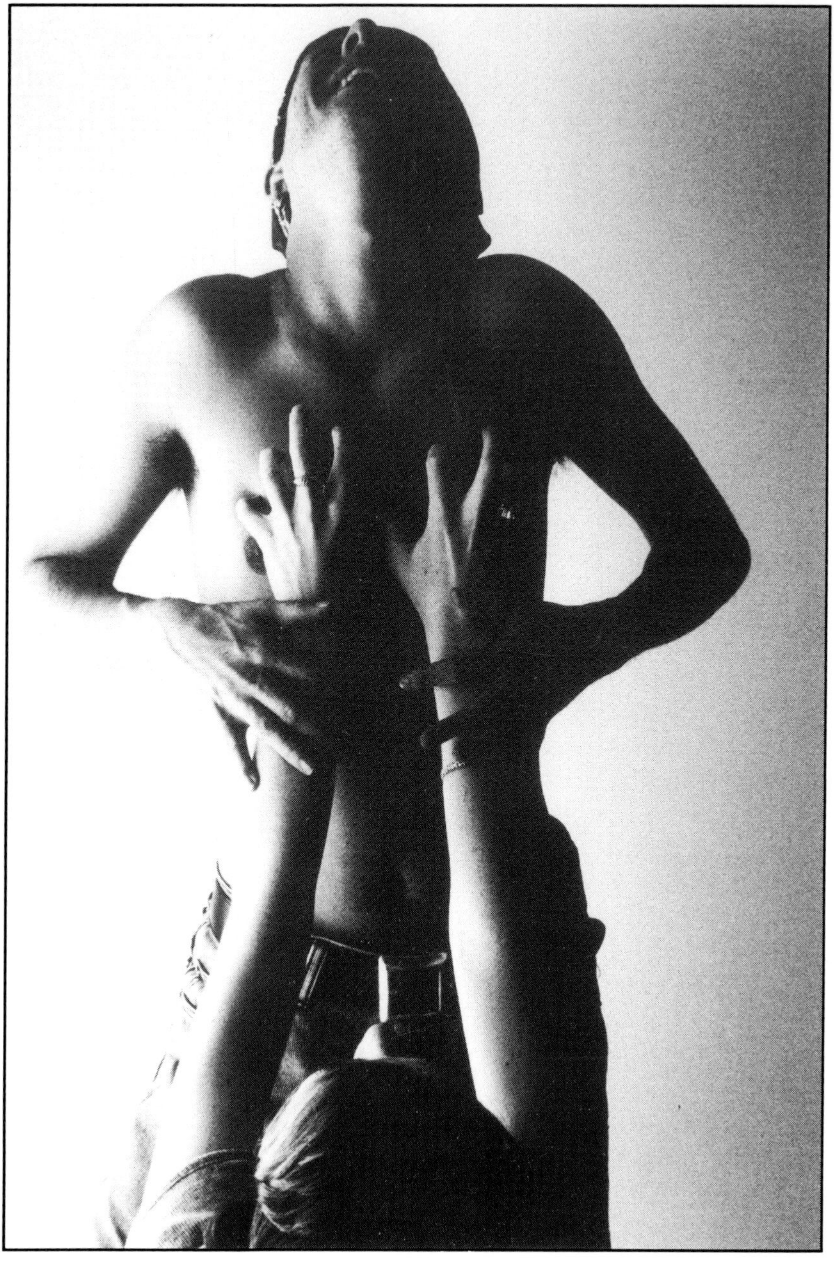

Wal yr Anglesey

Does fyth saib annifyr mewn sgwrs
ar wal yr Anglesey,
dim ond cyfle i droi'r golygon
tua gorwelion Môn,
er mwyn yfed gwyrth y machlud;
yr awyr yn gynfas Turner
yn borffor gwyllt â chymylau cochion
a'r haul yn llosgi llwybr ar wyneb y dŵr
rhwng Môn a wal yr Anglesey
ac yn pefrio yn y peint o Pedigree
fydd bob tro yn llaw bardd
fel cymorth i werthfawrogi
godidowgrwydd pethau hardd.

Ac ar noson gynnes ar wal yr Anglesey,
bydd pawb mor syfrdan gan sioe'r machlud
arhosant 'rôl 'ddi nosi hefyd . . .
ac wedi codi rownd, pan ddowch chi allan
i'r nos yn ôl, o'r golau trydan,
y cyfan a welwch
wrth blymio i'r tywyllwch
yw rhes o oleuadau cochion bach
yn dawnsio yn y gwyll,
sef blaenau sigaréts y sawl
sy'n dal i siarad ar y wal.

Mae cerrig copa wal yr Anglesey
wedi'u sgleinio'n llyfn dan genedlaethau
o benolau afieithus aflonydd,
ac mae'r meini hyn
yn rhan o galendr y dref hynafol,
yn gwahanu'r meddwon rhag y môr
ac yn marcio ffin y tymhorau trefol . . .
I eraill,
dau nodyn y gwcw sy'n dynodi'r ha',
neu rynnu yn y môr am y tro cynta,

ond yn nhref y Cofis
pan gaiff y *Floating Restaurant*
ei glymu wrth Bont yr Abar,
pan fo'r *bins* yn dechra drewi
a'r gwylanod yn fwy hegar,
a phan ddaw'r geiriau hyn i'th hudo:
'wela' i di ar wal yr Anglesey heno'
– wedyn mae'r haul 'di cyrraedd Caernarfon . . .